LE GOÛT SUPÉRIEUR

GUIDE PRATIQUE DU VÉGÉTARISME

Basé sur les enseignements de
Śrī Śrīmad A.C. Bhaktivedanta Swami Prabhupāda

Acharya-fondateur de l'International Society
for Krishna Consciousness

THE BHAKTIVEDANTA BOOK TRUST

Les personnes intéressées par la matière du présent ouvrage sont invitées à s'adresser à l'un de nos centres (voir la liste à la fin du livre), ou à écrire à hkf@pamho.net

Adaptation du livre *The Higher Taste* écrit par Bhūtātmā Dāsa (Austin Gordon), Drutakarmā Dāsa (Michael Cremo) et Mukunda Goswami.
Traduction : Priyabhakta Dāsa (Denis Bernier)
Recettes : Gokulānanda Dāsa (Guy Paquette) et Praghoṣa Dāsa (Gaétan Pellerin)
Design de la couverture : Hari Kirtan Dāsa

The Higher Taste (French)

Texte :
© 1988 The Bhaktivedanta Book Trust International, Inc.

Photos :
Chapatis, Samosas, Gratin d'aubergines, Pommes de terre Gauranga, Halava, Lassi © 1990–2000 Bhaktivedanta Books, Inc.
Épices, Puris, Chutney © 1985 The Bhaktivedanta Book Trust.
Riz © Vincenzo de Bernado / Fotolia
Poivrons farcis © Pilipphoto / Fotolia
Laddus © Garry Images / Fotolia
Alupatras © Artbo / iStock
Chaussons chinois © Margouillatphotos / iStock
Goulab jamoun © 2000 The Bhaktivedanta Book Trust International, Inc.

Image de Śrī Kṛṣṇa :
Toile par Dhṛti Devī Dāsī et Rāmadāsa Abhirāma Dāsa
© 1980 The Bhaktivedanta Book Trust International, Inc.

bbt.se • bbt.org • bbtmedia.com • krishna.com

ISBN 978-91-7149-852-6

Imprimé en 2019 (ver20191000)

Vous pouvez vous procurer ce livre en format numérique, gratuitement, à bbtmedia.com
Code : **EB16FR83591P**

Spiritualité

« La meilleure nourriture est celle que l'on offre d'abord à Dieu, au Seigneur Suprême. La *Bhagavad-gītā* nous enseigne que si l'on offre à Dieu, avec amour et dévotion, des mets préparés à partir de légumes, de farine ou de lait, Il les acceptera. Bien entendu, l'amour et la dévotion qui accompagnent l'offrande sont, pour le Seigneur, les ingrédients les plus importants. »

– Śrī Śrīmad A.C. Bhaktivedanta Swami Prabhupāda

Non-violence

« Je crois que l'évolution spirituelle exige, à un certain stade, que l'on cesse de tuer nos frères les animaux pour la satisfaction de nos désirs corporels. »

– Mohandas Gandhi, *politicien de l'Inde*

Religion

« Que le disciple s'abstienne de toute viande afin de ne pas causer de frayeurs aux autres êtres vivants. […] L'homme sensé ne se nourrit pas de viande. […] Il se peut que dans le futur, des insensés prétendent que j'ai approuvé la consommation de la viande, mais je n'ai pas permis, je ne permets pas et je ne permettrai jamais à personne de se nourrir de chair animale […] en tout temps et en tout lieu, c'est inconditionnellement interdit pour tous. »

– Paroles de Bouddha, *Dhammapada*

La faim dans le monde

« La quantité de céréales requise pour nourrir 100 têtes de bétail peut nourrir 2000 personnes. La quantité de gaspillage impliquée dans la consommation de la viande est effarante. Un hectare de terre peut produire 10 000 kilos de pommes de terre ou seulement 80 kilos de bœuf. Lequel des deux, à votre avis, fournit le plus de nourriture à ceux qui ont faim ? »

– John Robbins, *Diet for a New America*

Développement de la personne

« Le végétarisme, par son action purement physique sur la nature humaine, influerait de façon très bénéfique sur la destinée de l'humanité. »

– Albert Einstein, *physicien d'origine allemande*

Pourquoi ?

Les sages de l'Inde, les prêtres de l'Égypte ancienne, les philosophes grecs (Hésiode, Plutarque, Pythagore, Empédocle, Homère, Orphée, Socrate, Platon, Zénon, Diogène, Eschyle, Euripide), les Romains (Cincinnatus, Ovide, Sénèque, Marc-Aurèle, Virgile, Horace, l'empereur Julien), les pères de l'Église chrétienne (Clément d'Alexandrie et Saint Jean Chrysostome), au Moyen Âge (Abélard et Bacon), au XIVe siècle (Léonard de Vinci), au XVIIe siècle (Gassendi, Newton, Bossuet, Fénelon, Arnaud, Nicole, Leibniz, Pascal et toute la communauté de Port-Royal), au XVIIIe siècle (Jean-Jacques Rousseau, Benjamin Franklin, Diderot, Buffon, John Wesley, Gleizès, Washington), au XIXe siècle (Cuvier, Charles Nodier, Anquetil-Duperron, Bryon, Richard Wagner, Lamartine, Michelet), parmi nos contemporains (Edison, George Bernard Shaw, Thoreau, Tolstoï, Gandhi), pourquoi ont-ils tous loué le végétarisme ?

Économie

La production de la viande, qui requiert de plus grandes superficies que l'agriculture, est une source de conflit économique au sein de la société humaine depuis des siècles. Une étude publiée dans *S'alimenter grâce aux Récoltes* révèle qu'un hectare de céréales produit cinq fois plus de protéines qu'un hectare de pâturages réservé à la production de la viande ; un hectare de fèves ou de pois produit dix fois plus de protéines et un hectare d'épinards vingt fois plus.

Ce livre est dédié à Śrī Śrīmad
A.C. Bhaktivedanta Swami Prabhupāda,
qui propagea le végétarisme spirituel
à travers le monde.

« Des milliers de personnes disent 'aimer' les animaux mais s'assoient pourtant une ou deux fois par jour devant une assiette de la chair de créatures qui furent privées de tout ce qui pouvait rendre leur vie digne d'être vécue, et qui ont trouvé la mort dans la souffrance et la terreur des abattoirs. »

— Jane Goodall, PhD
Primatologue et anthropologue

Introduction

Nous recherchons tous un goût supérieur. Nous désirons tous connaître la recette d'une vie plus heureuse, libre de peines et de tourments. Ce livre a pour but de montrer comment la pratique du végétarisme peut rehausser notre qualité de vie et nous permettre d'atteindre aisément un goût supérieur.

Rien qu'en Amérique, dix millions d'individus sont récemment devenus végétariens. S'ils ont fait l'effort de changer leur nutrition, c'est qu'ils avaient de bonnes raisons. C'est un choix personnel qu'ils ont fait en considérant les aspects de santé, d'économie, d'éthique ou de religion. Les nombreux éléments contenus dans ce livre attestent de la prééminence d'une alimentation végétarienne qui seule peut procurer des bienfaits durables.

Non seulement *Le Goût supérieur* donne-t-il de nombreuses raisons qui justifient le choix d'une alimentation végétarienne, mais il nous fait découvrir plus de cinquante recettes, simples, succulentes et de préparation rapide. Si vous croyez qu'être végétarien signifie ne manger que des salades ou des légumes bouillis, vous serez surpris.

Le Goût supérieur vous enseignera à préparer des mets appétissants et nutritifs. Vous découvrirez des plats tous aussi délicieux les uns que les autres, et par-dessus tout, vous pourrez donner une saveur toute spirituelle à vos préparations en apprenant à cuisiner avec dévotion pour Dieu, la Personne Suprême.

1

L'alimentation la plus naturelle

Santé et végétarisme

« La consommation excessive de viande qui caractérise le régime alimentaire des pays industrialisés est un phénomène relativement récent, et l'augmentation de la fréquence des maladies comme le cancer et les maladies du cœur n'est pas une coïncidence. Dès 1980, 50% des mortalités aux États-Unis étaient reliées à des maladies où le régime alimentaire joua un rôle déterminant, à savoir les maladies cardiaques, le cancer du sein et de l'intestin, les accidents vasculaires cérébraux, le diabète, la cirrhose du foie, la néphrite et l'artériosclérose. »

– Dr Alex Hershaft
Le Gouvernement devrait promouvoir le végétarisme

La physiologie humaine

Nombre de chercheurs ont démontré que le corps humain n'est pas conçu pour assimiler la viande. En analysant la physiologie humaine, on peut comprendre pourquoi l'alimentation végétarienne est celle qui convient le mieux à l'être humain.

Les dents de l'homme, comme celles des herbivores, sont conçues pour broyer et mastiquer des matières végétales. Les humains ne sont pas, comme les carnivores, dotés des dents incisives du devant qui servent à déchiqueter la chair. Ceux-ci avalent en général leur nourriture sans la mastiquer ; ils n'ont donc pas besoin de molaires ou d'une mâchoire qui bouge latéralement. La main humaine est également très différente de celle des animaux carnivores. Dépourvue de griffes acérées, elle est dotée d'un pouce qui, placé en opposition aux autres doigts, sert davantage à cueillir des fruits et des légumes plutôt qu'à tuer des proies.

La digestion de la viande

« L'anatomie comparée nous enseigne qu'en toutes choses l'homme ressemble aux animaux frugivores et non aux carnivores. [...] Ce n'est que lorsqu'elle est 'déguisée', rendue plus tendre par des préparatifs culinaires, que la chair morte peut être mastiquée et digérée sans que l'homme ne soit dégoûté. »

– Le grand naturaliste Cuvier
Leçons d'anatomie comparée

Pour digérer la viande, l'estomac a besoin de sucs digestifs riches en acide chlorhydrique. Mais l'estomac humain, comme celui de l'herbivore, produit cet acide dans une concentration vingt fois moins forte que celui des carnivores.

Une autre différence importante est l'intestin, où les éléments nutritifs sont assimilés par le sang. Il faut savoir qu'un morceau de viande n'est rien d'autre en définitive qu'un fragment de cadavre en putréfaction qui génère automatiquement des déchets toxiques. Il doit par conséquent être digéré et éliminé le plus vite possible afin de libérer l'organisme de ces déchets. Or, si le carnivore est doté d'un tube digestif court, trois fois plus long seulement que son corps, l'être humain comme l'herbivore ou le frugivore en est pourvu d'un très long (dix fois la taille du corps). La chair putréfiée y stagne donc plus longtemps, provoquant l'infiltration massive de toxines indésirables.

Comparaisons physiologiques

Carnivores	Herbivores	Humains
Munis de griffe	Sans griffes	Sans griffes
Peau sans pore Transpirent par la langue	Transpirent par les pores de la peau	Transpirent par les pores de la peau
Incisives pointues et tranchantes Aucune molaire aplatie	Aucune incisive pointue Molaires aplaties servant à broyer	Aucune incisive pointue Molaires aplaties servant à broyer
Intestin 3 fois plus long que le corps, ce qui permet d'évacuer rapidement la viande mangée	Intestin de 10 à 12 fois plus long que le corps	Intestin 12 fois plus long que le corps
Acide chlorhydrique puissant dans l'estomac pour digérer la chair	Acide gastrique 20 fois plus faible que chez les carnivores	Acide gastrique 20 fois plus faible que chez les carnivores

Maladies cardiaques

« Les 9/10 des maladies du cœur et des vaisseaux qui entraînent tant de morts prématurées n'existeraient pas si tout le monde était végétarien, et, avec elles, disparaîtraient des centaines d'affections et souffrances qui ne sont que les résultats d'intoxications alimentaires provoquées par les viandes. »

– Professeur Huchard, *Paris*

Les animaux carnivores peuvent, par leur métabolisme, transformer des quantités presque illimitées de cholestérol et de graisses. On constata au cours d'une expérience en laboratoire que des chiens à qui l'on avait ajouté 250 grammes de matière grasse par repas pendant deux ans, n'avaient enregistré absolument aucune modification du taux de cholestérol dans leur sérum sanguin.

Par contre, les espèces végétariennes peuvent difficilement venir à bout d'un taux de cholestérol ou de graisses saturées qui dépasse la quantité requise par le corps. Cet excès, après plusieurs années, forme des dépôts de graisse qui s'accumulent sur les parois intérieures des artères, créant une condition qu'on nomme artériosclérose, ou durcissement des artères. Du fait que ces dépôts gênent la circulation du sang vers le cœur, la possibilité d'une crise cardiaque ou de formation de caillots de sang se trouve extrêmement accrue.

Déjà en 1961, le *Journal de l'Association Médicale Américaine* déclarait que 90 à 97% des maladies cardiaques – à l'origine de plus de 50% des décès aux États-Unis – pourraient être évitées par un régime végétarien. Ces découvertes sont confirmées par un rapport de l'*Association Américaine des Maladies du Cœur* qui affirme: «Des études démographiques bien documentées, recourant à des méthodes classiques d'évaluation de l'alimentation et des maladies coronariennes, prouvent qu'un régime riche en graisses saturées est une des causes principales du taux élevé de maladies cardiaques.»

Les recherches et les statistiques se poursuivent encore aujourd'hui. Dans un article du *Journal of the American College of Cardiology*, mars 2017, le Professeur Williams écrit qu'un régime dénué de tout produit animal peut non seulement prévenir les maladies du cœur, mais aussi les soigner. Un autre cardiologue, le docteur Caldwell Esselstyn, après vingt années de recherches et observations sur le lien entre l'alimentation et les maladies cardiaques en est venu à la même conclusion: «Les maladies cardiaques ne devraient pas exister. Mon but, dit-il, est de les annihiler complètement avec un régime alimentaire dénué de tout produit animal.»

L'incapacité du corps humain à éliminer l'excès de graisses animales prouve que l'alimentation carnée n'est pas pour l'être humain.

Le cancer

« Des études statistiques démontrent que le cancer, et plus particulièrement le cancer du côlon, est surtout répandu dans les pays où la consommation de bœuf est forte. Le Dr Berg a fait des recherches approfondies sur le sujet et a pu affirmer à la deuxième conférence nationale sur le cancer du côlon « qu'il est maintenant évident que la consommation de bœuf est un facteur clé, à l'origine du cancer du côlon. »

– Danièle Starenkyj, *Le Bonheur du végétarisme*

De nombreuses études ont prouvé qu'une alimentation non végétarienne est à l'origine, entre autres, du cancer du côlon, montrant par là que l'intestin de l'homme n'est pas conçu pour digérer de la chair. Ce cancer est fréquent car le régime carné est riche en graisse et pauvre en fibres. Or, selon le Dr Sharon Fleming de la Faculté des Sciences Alimentaires de l'Université de Californie à Berkeley : « Il apparaît que les fibres alimentaires aident à réduire le cancer du côlon et du rectum. »

Plus les recherches progressent, plus elles démontrent que l'alimentation carnée est la cause de différents cancers. L'Académie Nationale des Sciences écrit : « Les gens pourraient éviter plusieurs formes de cancer en mangeant moins de viandes grasses et plus de légumes et de céréales. » Au terme de ses recherches sur les causes du cancer, Rollo Russell écrivait : « J'ai découvert que sur 25 pays où l'on mange beaucoup de chair animale, 19 étaient affligés d'un taux élevé de cancer alors qu'un seul jouissait d'un taux faible ; et sur 35 pays où l'on consomme peu ou pas de viande, aucun ne présentait un taux élevé. »

Substances chimiques dangereuses

« La viande est toxique, car elle produit des déchets : urates, ptomaïnes, acides lactiques, etc., qui sont de véritables poisons s'éliminant quand ils le peuvent, par le foie et les reins, en surmenant ces organes. La viande entraîne un encrassement des tissus et des humeurs, elle est cause de pléthore, d'hypertension, de scléroses multiples, de néphrite, d'urémie et d'irritation nerveuse… »

– Dr Pierre Oudinot, *La Conquête de la santé*

De nombreuses autres substances chimiques dangereuses, dont les consommateurs ignorent généralement l'existence, sont présentes dans la viande. Dans leur livre *Le Poison dans votre corps*, Gary et Steven Null nous révèlent les dernières astuces utilisées par les fermes d'élevage corporatives : « Les animaux sont maintenus en vie et engraissés par l'introduction continue dans l'organisme de calmants, d'hormones, d'antibiotiques, etc. Et bien que ces drogues soient encore dans la viande lorsque vous la mangez, aucune loi n'exige qu'elles soient mentionnées sur l'emballage. »

L'une de ces substances chimiques – le diéthylstilbestrol – est une hormone de croissance utilisée aux États-Unis depuis plusieurs années. Or des études ont démontré sa nature cancérigène. Trente-deux pays l'ont interdit mais l'industrie de la viande américaine l'utilise encore, sûrement parce que le Ministère de l'Alimentation réalise ainsi une économie de plus de 1,5 millions de dollars par an.

Un autre stimulant de croissance est l'arsenic. Déjà en 1972 des chercheurs de l'Université Johns Hopkins détectaient ce poison excédant la limite légale autorisée dans 15% des volailles du pays. Et encore, en 2013, d'après le *Naturalnews.com* on détecte toujours de l'arsenic dans les volailles.

Le nitrate et le nitrite de sodium, substances chimiques servant d'additifs alimentaires pour ralentir la putréfaction de la viande fumée et d'autres aliments carnés – y compris le jambon, le bacon, le salami, les saucisses de Francfort et le poisson – compromettent dangereusement la santé. Ces produits chimiques donnent à la viande sa couleur rouge vif en réagissant sur les pigments présents dans le sang et les muscles. Sans eux, le gris-brun de la chair morte rebuterait beaucoup de consommateurs. Malheureusement, ces substances chimiques ne font pas de différence entre le sang d'un cadavre et le sang d'un humain bien en vie. Nombre de personnes accidentellement soumises à des doses élevées sont mortes d'empoisonnement.

Des antibiotiques dans la viande

Les conditions insalubres et l'étroitesse des lieux d'élevage obligent à l'utilisation d'immenses quantités d'antibiotiques. Or, un tel abus provoque la naissance de bactéries résistantes qui sont directement transmises aux consommateurs de viande. Le Ministère de l'Alimentation et de la Médecine estime que l'emploi de la pénicilline et de la tétracycline permet à l'industrie de la viande d'épargner des milliards d'euros par an. C'est pourquoi ils ferment les yeux.

Les maladies de la viande

En plus de substances chimiques dangereuses, la viande contient souvent les germes des maladies animales. Entassés dans des endroits malsains, gavés de nourriture et traités de façon cruelle, les animaux de boucherie contractent beaucoup de maladies. Les inspecteurs s'efforcent d'éliminer les viandes inacceptables mais à cause des pressions de l'industrie et du peu de temps dont ils disposent pour effectuer les contrôles, ils déclarent saines pour le consommateur beaucoup de viandes qui ne le sont pas réellement.

Le bureau américain de la Comptabilité générale, chargé de surveiller les agences régulatrices fédérales, découvrit que le Ministère de l'Agriculture négligeait de faire respecter ses propres normes en ne punissant pas les diverses violations observées dans les abattoirs ; des carcasses contaminées par des excréments de rongeurs, des cafards et de la moisissure furent trouvés chez les emballeurs de viande Swift, Armour et Carnation. Certains inspecteurs justifient ce manquement aux règles en expliquant que si on appliquait la législation, aucun emballeur de viande ne pourrait continuer d'exercer son métier.

Se nourrir sans viande

« Se basant sur de nombreuses expériences, Schuphan et Lintzel ont mis au point une échelle de valeur des protéines : celle de la viande se révèle la moins utile. […] La valeur biologique la plus grande revient aux albumines des céréales, pommes de terre et légumes verts. »

– Dr E. Schneider, *cardiologue*

Souvent, parler de végétarisme provoque une certaine méfiance : « Que faites-vous des protéines ? » Et le végétarien de répondre : « Et l'éléphant ? Le taureau ? Le rhinocéros ? Ne sont-ils pas végétariens ? »

L'idée voulant que la viande possède le monopole des protéines relève de la mythologie. Les céréales, les noix et les légumineuses constituent tous des sources concentrées de protéines. Les lentilles et les arachides, par exemple, contiennent plus de protéines que les viandes de bœuf et de porc.

Lorsqu'on les digère, la plupart des protéines se décomposent en acides aminés, lesquels sont convertis et utilisés par le corps pour la croissance et le remplacement des tissus. Ces acides aminés sont au nombre de 22, mais 8 sont essentiels, indispensables à l'organisme. Il faut savoir qu'on les trouve en abondance dans les végétaux comestibles.

Un excès de protéines

Selon la croyance populaire, de grandes quantités de protéines sont requises pour avoir force et énergie. Cela est inexact. Ce sont les hydrates de carbone qui constituent la principale source d'énergie du corps humain et la viande en est grandement dépourvue. Quant aux protéines, elles ne sont utilisées qu'en dernier recours.

Une étude menée par les docteurs Fred Stare de Harvard et Mervyn Hardinge de l'Université Loma Linda a permis d'établir d'importantes comparaisons entre la consommation de protéines des végétariens et celle des mangeurs de viande. « Chaque groupe dépassait deux fois ses besoins en protéines et surpassait de beaucoup cette quantité pour la plupart des acides. » Tout excès de protéines ne peut être utilisé par le corps ; il est plutôt converti en déchets azotés qui alourdissent les reins.

Les recherches médicales des 10 ou 15 dernières années aboutissent à une seule conclusion : ce n'est pas du manque de protéines qu'il faut s'alarmer, mais de leur surconsommation. La peur de manquer de protéines est née de l'essor des commerces de viande et autres aliments riches en protéines. En fait, une trop grande consommation de protéines réduit la capacité énergétique du corps.

Les végétariens ont plus d'endurance

Dans une série d'épreuves d'endurance comparées, menées par le Dr Irving Fisher de Yale, les végétariens réussirent deux fois mieux que les mangeurs de viande. En réduisant de 20% la consommation de protéines des non-végétariens, le Dr Fisher vit leur capacité augmenter de 33%. D'autres études ont démontré qu'un régime végétarien équilibré procure plus d'énergie qu'un régime carné. En outre, une étude menée par les Drs J. Iotekio et V. Kipani de l'Université de Bruxelles révéla que les végétariens pouvaient endurer des épreuves physiques 2 à 3 fois plus longues que les non-végétariens et qu'ils récupéraient 5 fois plus vite que ces derniers.

Plus les recherches avancent dans ce domaine, moins l'on conçoit la viande comme un facteur important dans l'apport d'énergie. Dans son livre intitulé *Les Sources de l'alimentation humaine*, Désiré Mérien écrit : « L'ensemble du bilan énergétique de la viande est négatif [...] la transformation des éléments de base en aliments énergétiques se fait difficilement. »

« Spectacle étrange, de voir une mère donner à sa fille, qu'hier encore elle allaitait, cette grossière alimentation de viandes sanglantes, et ces dangereux excitants : le vin, l'exaltation même ; le café, poison des nerfs ; et elle s'étonne de la voir violente, fantasque, passionnée. C'est elle-même qu'elle doit accuser. »

– Michelet, *historien et philosophe français*

La plupart des gens qui adoptent le végétarisme espèrent conserver ou recouvrer une bonne santé. À la lumière de ces nombreuses études médicales, un nombre croissant d'individus prend conscience qu'il est possible d'éviter de nombreuses maladies en éliminant la viande du menu.

2

Le vrai coût de la viande

Perspective économique

«Sur un hectare de bonne terre consacrée à l'élevage, on entretienda, au maximum, quatre grands bovins. De quoi tirer, au bout de 18 mois, quatre carcasses de 300 kg dont on obtiendra 200 kg de viande, soit pour 1 ha, 800 kg de viande en 18 mois, soit 480 kg (sic) de viande par hectare et par an. Sur le même hectare en un an, on aurait pu produire plus de 5 tonnes de lait, ce qui aurait été mieux. On aurait pu également y faire pousser 50 quintaux de blé soit, au taux d'extraction de 70%, 3500 kg de farine. 480 kg de viande contre 3500 kg de farine, les chiffres se passent de commentaires!»

– Danièle Starenkyj, *Le Bonheur du végétarisme*

La solution au problème de la faim

Un rapport du Ministère de l'Agriculture des États-Unis nous apprend que plus de 50% des céréales produites en Amérique servent à nourrir le bétail – les vaches, les porcs, les agneaux et les poulets. L'utilisation des céréales pour la production de viande coûte cher. Le Département de Recherches économiques du Ministère de l'Agriculture des États-Unis a calculé que 8 kg de céréales ne donnent qu'un demi-kilo de bœuf.

Au cours d'une entrevue télévisée, Frances Moore Lappé, experte en alimentation et auteure du best-seller *Diet for a Small Planet*, compare un steak à une Cadillac. « Tout comme la Cadillac est une grande dévoreuse d'essence, dit-elle, la production de viande implique une très forte consommation de céréales. »

Dans son livre intitulé *La Chimie des Protéines*, le docteur Aaron Altshul constate, après avoir comparé le taux de calories d'un régime carné avec celui d'un régime de céréales, légumes et légumineuses, que ce dernier fait vivre vingt fois plus de personnes. Si les sols cultivables de la terre étaient principalement utilisés pour la production d'aliments végétaux, notre planète pourrait aisément subvenir aux besoins d'une population de plus de vingt milliards d'êtres humains.

De telles données ont amené les experts en alimentation à souligner que le problème de la faim dans le monde n'est, dans une large mesure, que chimère. À l'heure actuelle, nous produisons assez de nourriture pour subvenir aux besoins de tous les habitants de la planète ; hélas, il n'y a aucune répartition des denrées alimentaires.

Dans un rapport soumis au Congrès Mondial des Nations Unies sur l'alimentation, René Dumont – célèbre économiste agronome de l'Institut National d'Agriculture de France – expliquait : « La surconsommation de viande par les riches engendre la famine pour les pauvres. Cette forme peu rentable d'agriculture doit changer, en supprimant par exemple les étables où l'on engraisse les bœufs avec des céréales, voire en réduisant massivement le nombre de bœufs de boucherie. »

Dans son best-seller *L'économie du futur*, le futurologue Alvin Toffler est optimiste quant à l'évolution de la crise alimentaire mondiale. Il prévoit que « l'apparition d'un mouvement spirituel en Occident fera diminuer la consommation de bœuf tout en favorisant les régimes alimentaires à base de céréales, pour le bien du monde entier. »

Les vaches vivantes : un atout économique

De toute évidence, une vache vivante est plus rentable pour la société qu'une vache morte car elle donne du lait, du fromage, du beurre, du yaourt et d'autres aliments riches en protéines. Les vaches d'Amérique produisent tant de lait que Sam Gibbons, député de Floride, signala au Congrès américain que « les États-Unis avaient stocké un surplus de 220 000 tonnes de beurre, 272 000 tonnes de fromage et 382 000 tonnes de lait écrémé en poudre ».

Déjà en 1971, Stewart Odend'hal, de l'Université du Missouri, avait fait une étude détaillée sur les vaches du Bengale et découvrit qu'elles ne prennent pas la nourriture de l'homme puisqu'elles ne se nourrissent que d'herbe et de restes non comestibles des récoltes (écorces du riz, extrémités supérieures des tiges de canne à sucre, etc.).

« Fondamentalement, dit-il, le bétail transforme des produits dérivés sans grande valeur directe pour l'homme en produits d'utilité immédiate. »

Voilà qui devrait balayer le mythe selon lequel les gens crèvent de faim en Inde parce qu'ils refusent de tuer les vaches.

La viande coûte plus qu'on ne le pense

En fait, la production de viande s'avère si peu rentable que cette industrie ne peut survivre sans subventions. La plupart des gens ignorent à quel point les gouvernements nationaux maintiennent l'industrie de la viande à coups de prêts, de contributions, etc.

En 2003, le Ministère de l'Agriculture des États-Unis acheta pour 4 millions de dollars, les excédents de bœuf qu'il destina aux cantines scolaires. La même année, les gouvernements d'Europe achetèrent pour 1,5 milliards d'euros d'excédents de viande aux agriculteurs et déboursèrent des millions pour l'entreposer.

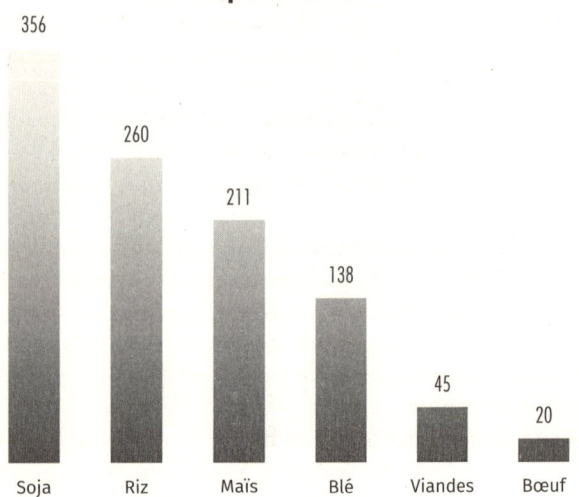

Après avoir comparé le taux de protéines d'un régime carné avec celui d'un régime de céréales, de légumes et de légumineuses, le docteur Aaron Altshul écrit dans son livre intitulé *La Chimie des protéines,* que le régime végétarien fait vivre vingt fois plus de personnes.

Gaspillage du trésor public

Le problème peu divulgué des maladies animales entraîne aussi de considérables dépenses. Pour chaque animal malade qu'on tue, le propriétaire se voit attribuer par le gouvernement une indemnité forfaitaire compensatoire. Par ailleurs, un autre programme du gouvernement garantit aux producteurs de viande des prêts pouvant s'élever jusqu'à un million et demi de dollars. Chaque année, les gouvernements utilisent ainsi l'argent des contribuables. Les aides nationales pour l'élevage du bétail s'élèvent donc à plusieurs milliards d'euros. Ceci fut dénoncé dans un éditorial du New York Times comme « un vol scandaleux des fonds du Trésor Public ».

Or, bien que de nombreuses preuves recueillies par les services de santé gouvernementaux témoignent de la nocivité de la viande sur l'organisme, les Ministères de l'Agriculture des pays riches continuent de dépenser des sommes colossales pour sa production.

Dans son livre *Recherche sur la Nature et les Causes de la richesse des nations*, l'économiste Adam Smith proclame les avantages du végétarisme : « On peut en vérité se demander si la viande de boucherie constitue un élément nécessaire à la vie. Les céréales et autres aliments végétaux, avec le lait, le fromage et le beurre (ou l'huile, là où le beurre n'est pas disponible) nous offrent le régime le plus riche, le plus sain, le plus nutritif et le plus tonique qui soit. Un homme sain n'a nullement besoin de viande. »

Détérioration de l'environnement

En Amérique du Nord, l'industrie de l'élevage oblige à six fois plus de déboisement que l'expansion humaine. De plus, nous savons maintenant que les puissantes industries alimentaires du fast-food défrichent massivement de grandes forêts vierges d'Amérique latine et de l'Amazonie pour en faire des pâturages à bétail. Les écologistes du monde entier s'en inquiètent grandement car de telles destructions menacent le fragile écosystème planétaire. La forêt d'Amazonie n'est-elle pas l'un des poumons du monde, l'un des régulateurs thermiques des conditions atmosphériques ?

Comme si cela ne suffisait pas, l'industrie de la viande est la principale responsable de la pollution des rares réserves d'eau douce de la planète. Dans leur livre *Population, Ressources et Environnement*, Paul et Anne Ehrlich constatent que 60 litres d'eau suffisent pour cultiver un kilo de blé, alors qu'il faut de 3000 à 6000 litres d'eau pour produire un kilo de viande. D'après un rapport du Ministère de l'Agriculture du Québec en 1988, pour abattre un poulet, il faut 20 litres d'eau. Un abattoir typique tue environ 25 000 poulets par jour, ce qui totalise

500 000 litres d'eau par jour, quantité largement suffisante pour approvisionner une ville entière, sans parler des problèmes de pollution et déchets que cette tuerie entraîne.

Conflits sociaux

La production de viande requiert de plus grandes étendues de terre que l'agriculture. Elle est depuis des siècles à l'origine de conflits économiques et sociaux. Une étude publiée dans *S'alimenter grâce aux récoltes* révèle qu'un hectare de céréales produit cinq fois plus de protéines qu'un hectare de pâturage réservé à la production de viande ; un hectare de fèves ou de pois produit dix fois plus de protéines et un hectare d'épinards vingt fois plus.

Ces vérités économiques étaient connues des Grecs de l'Antiquité. Dans son livre *La République*, Platon cite Socrate qui recommande le végétarisme : « Ce régime permettrait à une nation d'utiliser intelligemment ses ressources agricoles. » Il signale également que si les gens commençaient à se nourrir d'animaux, il faudrait de nouveaux pâturages. Et pour obtenir ces pâturages, les nations iraient jusqu'à provoquer la guerre.

Source de guerre

L'alimentation carnée joua son rôle dans plusieurs des guerres de l'expansion coloniale européenne. Le commerce des épices avec l'Inde et autres pays d'Orient fut l'objet de sérieux litiges. À l'époque, les Européens mangeaient une viande conservée dans le sel, qui n'avait pas beaucoup de goût. Afin d'en relever la saveur, ils eurent l'idée d'utiliser des épices qu'il fallut acheter massivement. Le fructueux commerce de ces denrées d'appoint devint rapidement l'objet de grands litiges avec l'Orient, car gouvernements et marchands recoururent aux armes pour avoir le monopole sur les sources d'approvisionnement.

Déjà en 1974, l'Agence Centrale de Renseignements des États-Unis (la CIA) publiait un rapport signalant que, dans un proche avenir, il n'y aurait peut-être pas de quoi nourrir la population du monde « à moins que les pays riches ne réduisent rapidement et massivement leur consommation d'animaux qui sont nourris aux céréales ».

Le végétarisme : une économie

Selon Trémolières, auteur de *Diététique et art de vivre*, « le gramme de protéine animale coûte deux à quatre fois plus cher que le gramme de laitage ; il n'y a pas, à ce jour, de raison scientifique qui justifie une consommation de viande aussi élevée ».

Gabriel Viaud-Bruant, lauréat de la Société d'agriculture de France commente : « On achète de la viande, ce produit coûteux, au lieu de consommer des lentilles, des pois, des fèves, du riz, des haricots, beaucoup plus riches en azote, en phosphore, en fer et autres matières minérales. [...] C'est une grave erreur sociale et économique que de faire croire à la nécessité du régime exclusif de la viande, d'autant que cette nourriture incite à la consommation de tabac et d'alcool. »

En adoptant une alimentation végétarienne, le consommateur pourra économiser des centaines de milliers d'euros chaque année. Mais rien qu'en considérant les points énoncés depuis le début de cet ouvrage, il devient difficile de comprendre que l'on puisse négliger le végétarisme, mode d'alimentation vraiment économique et sain.

Non-violence et respect des animaux

Les bases morales du végétarisme

« Ma mère était convaincue, et j'ai gardé à cet égard ses convictions, que tuer les animaux pour se nourrir de leur chair et de leur sang est l'une des plus déplorables et des plus honteuses infirmités de la condition humaine ; que c'est une de ces malédictions jetée sur l'homme par l'endurcissement de sa propre perversité. Elle croyait, et je crois comme elle, que ces habitudes d'endurcissement du cœur à l'égard des animaux les plus doux, ces immolations, ces appétits de sang, cette vue des chairs palpitantes, sont faits pour rendre féroces les instincts du cœur. »

– Lamartine, *écrivain français*

L'enfer des abattoirs

Aux États-Unis chaque année, environ 134 millions de mammifères et 3 milliards de volailles sont tués à des fins alimentaires. Peu nombreux sont ceux qui réalisent que la viande provient d'une telle tuerie. D'autant que les publicités ne vantent jamais les atrocités commises dans les abattoirs. Il est plus facile de présenter aux enfants à la télévision, un clown, qui tout sourire montre que les hamburgers poussent dans des carrés de terre. Les abattoirs sont de véritables enfers, des usines de la mort. Les animaux hurlent alors qu'on tente de les étourdir à coups de marteaux et de décharges électriques. Ils sont hissés dans l'air par les pattes et acheminés encore vivants par les convoyeurs. On leur tranche la gorge, puis les dépèce alors qu'ils sont encore vivants.

Dans son livre *Végétarien d'abord*, Peter Burwash, le champion de tennis, raconte sa visite d'un abattoir : « Je ne suis pas une personne sensible et timide. J'ai joué au hockey jusqu'à en perdre la moitié de mes dents. Un grand esprit de compétition m'anime sur le court de tennis. Mais cette visite à l'abattoir m'a bouleversé. En sortant, je savais que je ne ferais jamais plus de mal aux animaux. Je connaissais tous les arguments physiologiques, économiques et écologiques en faveur du végétarisme ; mais ce fut cette expérience de la cruauté des êtres humains envers les animaux qui m'a convaincu de la nécessité d'être végétarien. »

La Grèce et la Rome antiques

Les considérations éthiques et morales ont de tout temps incité de nombreuses personnalités à adopter le végétarisme. Pythagore, célèbre pour ses contributions à la géométrie, disait : « Mes frères, ne souillez pas vos corps d'aliments impurs. Nous avons du maïs en abondance, des pommiers qui ploient sous le poids des pommes et du raisin qui gonfle sur la vigne. Il y a des fines herbes, des légumes qu'on peut cuire et préparer sur la flamme, sans oublier le lait et le miel. La terre nous donne ses richesses, d'immenses réserves d'aliments purs, et nous offre des banquets qui ne requièrent aucune effusion de sang ou tuerie. Seules les bêtes apaisent leur faim avec de la chair, et encore pas toutes puisque les chevaux, le bétail et les moutons se nourrissent d'herbe. » Le biographe Diogène nous apprend que Pythagore mangeait du pain et du miel le matin et des légumes crus le soir. Il payait aussi les pêcheurs pour qu'ils rejettent leur pêche à la mer.

Des cadavres sur la table

Dans un de ses essais, l'auteur romain Plutarque écrit: «Peut-on vraiment se demander pourquoi Pythagore s'abstenait de toute viande? Quant à moi, je me demande quel était l'état d'esprit du premier homme qui porta du sang à sa bouche, posa ses lèvres sur la chair d'un cadavre, plaça sur sa table des carcasses et osa appeler aliments et nourriture les organes des animaux qui, quelque temps auparavant, beuglaient, bêlaient, remuaient et vivaient. Comment ses yeux purent-ils contempler le carnage de ces gorges tranchées, de ces peaux écorchées et de ces membres arrachés? Comment son nez a-t-il supporté l'odeur nauséabonde? Comment est-il possible qu'au contact des plaies, des sucs et sérums coulant des blessures mortelles, ses papilles gustatives n'aient pas vomi une telle horreur? Ce ne sont certes pas des lions ou des loups que nous tuons en légitime défense; au contraire, nous tuons des créatures inoffensives et apprivoisées qui n'ont ni dard, ni dents pour nous blesser. Pour un morceau de chair, nous les privons de soleil, de lumière, de leur droit à la vie.»

Il présenta ensuite le défi suivant aux mangeurs de chair animale: «Si vous affirmez être naturellement conçus pour un tel régime, tuez d'abord vous-mêmes ce que vous désirez manger en faisant appel à vos propres ressources, sans couperet, gourdin ou hache.»

De Vinci, Rousseau, Gandhi

L'illustre Léonard de Vinci résuma ainsi l'approche morale du végétarisme: «Celui qui n'apprécie pas la vie ne la mérite pas.» Il décrivait le corps des mangeurs de viande comme un «lieu de sépulture», un cimetière pour animaux. Ses carnets de notes sont remplis de passages illustrant sa compassion pour les êtres vivants: «Un nombre incalculable d'animaux sont séparés de leurs petits, qui seront cruellement abattus. »

Le philosophe français Jean-Jacques Rousseau s'intéressait aux sciences naturelles. Il constata que les animaux carnivores étaient généralement plus cruels et plus violents que les herbivores. Il en déduisit que le végétarisme rendrait les gens plus compatissants. Il conseilla même qu'on ne permette plus aux bouchers de témoigner devant les tribunaux ou de faire partie d'un jury.

Ne plus manger de chair

Végétarien militant, le poète Shelley écrivit dans son essai intitulé *Une Alimentation naturelle justifiée* : « Que les partisans de l'alimentation carnée vérifient le bien-fondé d'un tel régime, qu'ils déchirent un agneau encore vivant avec leurs dents comme le recommande Plutarque et plongent leur tête dans ses organes vitaux, se désaltèrent dans le sang encore chaud. […] Alors seront-ils en accord avec leurs convictions. » L'intérêt de Shelley pour le végétarisme s'éveilla alors qu'il étudiait à Oxford, mais ce n'est qu'après leur mariage que son épouse et lui-même l'adoptèrent. Dans une lettre datée du 14 mars 1812, sa femme écrivait à une amie : « Nous avons renoncé à la viande pour adopter la pensée pythagoricienne. » Shelley décrit, dans son poème *La Reine Mab*, un monde utopique où les êtres humains ne tuent pas les animaux à des fins alimentaires.

> …désormais, il ne tuera plus l'agneau qui le regarde,
> Ne dévorera plus sa chair.
> Car, comme pour venger la loi violée de la Nature,
> Celle-ci empoisonna, envenima le corps qui l'engloutit,
> éveilla des passions funestes, de vaines croyances,
> La haine, le désespoir et le dégoût de tout,
> Les germes de la misère, du crime, la maladie, la mort.

Pacifisme végétarien

L'auteur russe Léon Tolstoï opta pour le végétarisme en 1885. Renonçant à la chasse, il préconisa le « pacifisme végétarien » et s'opposa à ce que l'on tue même l'insignifiante fourmi. Il pensait que la progression de la violence au sein de la société humaine menait les peuples à la guerre. Dans son essai *Le Premier pas*, il écrit que la consommation de chair animale est « absolument immorale, puisqu'elle implique un acte contraire à la morale, la mise à mort ». Tolstoï estime qu'en tuant, « l'homme refoule inutilement la plus haute qualité spirituelle, la compassion. Se faisant violence en tuant les animaux, il devient cruel ».

Une alimentation naturelle

Le compositeur Richard Wagner considérait que toute vie est sacrée. Il voyait dans le végétarisme une « alimentation naturelle » qui pouvait sauver l'humanité de ses tendances à la violence et l'aider à réintégrer le « Paradis perdu depuis longtemps ».

La destinée de la race humaine

L'écrivain américain Henry David Thoreau écrit dans *Walden ou La Vie dans les bois* : « N'est-ce pas une honte que l'homme soit un animal carnivore ? Il est vrai que dans une certaine mesure il assure sa subsistance en se nourrissant de lapins et d'agneaux, mais ce mode de vie est bien misérable. Celui qui enseignera aux hommes à s'en tenir à une alimentation saine et inoffensive sera considéré comme un bienfaiteur de sa race. Je suis convaincu que la race humaine est appelée, dans son évolution graduelle, à cesser de se nourrir de chair animale, de la même façon que les tribus sauvages ont cessé de s'entre-dévorer au contact d'êtres plus civilisés. »

Gandhi, apôtre de la non-violence

Mohandas Gandhi, l'apôtre de la non-violence, était végétarien. Ses parents, Indiens très pieux, ne le nourrirent jamais de viande, de poisson ou d'œufs. Mais les coutumes et principes de la culture traditionnelle de l'Inde furent grandement menacés sous le régime britannique. De nombreux Indiens adoptèrent l'alimentation carnée de l'Occident. Même Gandhi devint également victime des conseils de ses camarades de classe, qui le poussèrent à manger de la viande sous prétexte que cela augmenterait ses forces et son courage. Plus tard, revenu au végétarisme, il écrivit : « Il faut corriger la méprise selon laquelle le végétarisme nous a rendus faibles d'esprit, passifs ou inactifs. Les aliments d'origine animale ne sont absolument pas nécessaires à l'homme. » Auteur de cinq livres sur le végétarisme, Gandhi se nourrissait quotidiennement de germes de blé, de pâte d'amande, de légumes verts, de citron et de miel. Il fonda la « Communauté rurale Tolstoï », une communauté axée sur les principes du végétarisme. Dans son livre *Les Bases morales du végétarisme*, il écrit : « Je soutiens que l'alimentation carnée ne convient pas au genre humain. Nous avons tort d'imiter les animaux si nous leur sommes supérieurs. » Pour Gandhi, les raisons de santé importaient moins que la raison d'éthique : « Je crois que l'évolution spirituelle exige, à un certain stade, que l'on cesse de tuer nos frères les animaux pour se nourrir. »

Se nourrir de cadavres

Le dramaturge George Bernard Shaw s'efforça d'adopter le végétarisme dès l'âge de vingt-cinq ans. « Shelley fut le premier à me faire réaliser la barbarie de mon régime alimentaire », écrit-il dans son autobiographie. Ses docteurs l'avertirent que son alimentation végétarienne le tuerait. On lui demanda, lorsqu'il fut vieux, pourquoi il ne retournait pas les voir pour leur montrer les bienfaits qu'il en avait retirés. Il répondit : « Je le voudrais bien, mais ils sont tous morts depuis des années. » Quelqu'un lui demanda un jour : « Comment se fait-il que vous paraissiez si jeune ? » « Au contraire, rétorqua-t-il, je fais mon âge. Ce sont les autres qui paraissent plus vieux. Que peut-on espérer de gens qui ne se nourrissent que de cadavres ? » Shaw écrit :

Nous prions les dimanches
Pour qu'une lumière éclaire notre sentier ;
Nous sommes las de combattre, dégoûtés de la guerre,
Mais pourtant nous mangeons des êtres assassinés.

La fermeture du dernier abattoir

Dans son livre *Utopie Moderne*, H.G. Wells traite du végétarisme et présente une vision futuriste du monde : « On ne trouve aucune viande dans toute l'Utopie, ce qui n'était pas le cas jadis. Mais aujourd'hui, on ne peut supporter l'idée des abattoirs. Dans une population instruite, où tous jouissent d'un même niveau de raffinement physique, il est presque impossible de trouver quelqu'un qui découpe un bœuf ou un porc mort… Je me souviens encore des réjouissances qu'occasionna la fermeture du dernier abattoir. »

Nous sommes tous des créatures de Dieu

Le prix Nobel de littérature, Isaac Bashevis Singer, devint végétarien en 1962, à l'âge de cinquante-huit ans. « Naturellement, dit-il, je regrette d'avoir attendu si longtemps, mais mieux vaut tard que jamais. » Il affirme que végétarisme et judaïsme sont parfaitement compatibles. « Nous sommes tous des créatures de Dieu. Quelle contradiction que d'implorer la miséricorde et la justice du Seigneur tout en continuant à manger la chair d'animaux abattus pour nous. » S'il apprécie les bienfaits du végétarisme, il précise que la considération morale est plus importante encore : « Même si l'on prouvait que l'alimentation carnée est bonne pour la santé, je ne l'adopterais pas pour autant. »

Les justifications intellectuelles en faveur de la consommation de chair animale exaspèrent Singer. « Divers philosophes et chefs religieux cherchent à convaincre leurs disciples et partisans que les animaux ne sont que des machines sans âme, dépourvues de sentiments. Or, quiconque a déjà cohabité avec un animal, fût-ce un chien, un oiseau, voire une souris, sait qu'une telle théorie n'est qu'un audacieux mensonge, inventé pour justifier la cruauté. »

4

Tu ne tueras point

Végétarisme et religions

« Donnez-nous aujourd'hui notre pain quotidien, non pas des viandes superflues, mais la nourriture nécessaire qui répare en nous ce qui se perd tous les jours de la substance de notre corps. [...] Car le chrétien, selon ces paroles, ne doit point désirer toute cette diversité de mets délicats, toutes ces pâtisseries et toutes ces viandes qui ne font que charger l'estomac, appesantir l'âme, aveugler l'esprit et donner des armes au corps pour l'asservir aux passions. »
– Saint Jean Chrysostome, *moine grec au Ier siècle*

La règle d'or

Montrer de la compassion pour toute forme de vie est une règle d'or que l'on retrouve dans les enseignements de toutes les grandes traditions religieuses. Puisque le végétarisme est l'extension naturelle de cette compassion, il est tout à fait normal qu'il prenne une place importante dans les pratiques religieuses.

De fait, les religions ont ceci en commun : elles désirent toutes qu'on s'abstienne de manger de la viande, ne serait-ce que les jours saints. En étudiant leurs Écritures et la vie de leurs fondateurs, on comprend que l'alimentation végétarienne est un choix naturel pour l'être qui désire atteindre le pur amour de Dieu.

Égypte, Chine et Japon

Certains prêtres d'Égypte ne mangeaient pas de viande afin de pouvoir respecter les vœux du célibat. Ils rejetaient aussi la consommation des œufs, considérés comme de la « chair liquide ».

Dans les temples shinto au Japon, on interdisait les sacrifices d'animaux et l'on conseillait l'alimentation végétarienne pour la purification du corps.

D'anciens textes décrivant la pratique du confucianisme et du taoïsme recommandent d'éviter les aliments carnés tel le porc « qui rend l'haleine désagréable aux ancêtres ».

Zoroastrien, Sikh et Jaïn

« Le Seigneur de sagesse a prédit le pire pour ceux qui suppriment la vie du bœuf avec des cris d'extase. Pour de tels actes, les races des sacrificateurs et des prêtres magiciens seront réduites à néant… Que soient maudits tous ceux qui prêchent qu'il faut tuer le bétail! Que soient maudits les faux prophètes, les faux prêtres, tous corrompus, qui trahissent la vérité, accaparent le pouvoir et falsifient tout par leurs mensonges. C'est de l'esprit du mal dont sont remplis les soi-disant grands de ce monde et les potentats ; c'est lui qui les a tous fait tomber dans ces erreurs atroces. Ils s'allient aux démons pour accomplir leurs noirs desseins et assassinent le bétail pour s'en repaître. »

Ainsi parlait le prophète Zarathoustra qui fonda la religion zoroastrienne au 6e siècle avant Jésus-Christ. Bien qu'abolie en Iran, cette religion compte encore plus de 200 000 pratiquants végétariens.

La religion sikhe, qui est un intéressant mélange d'hindouisme et d'islamisme, fut fondée en Inde au 15e siècle par Guru Nanak. D'après l'érudit sikh Swaran Sing Sanehi, Guru Nanak considérait la consommation de viande comme impropre, « particulièrement pour ceux qui essaient de méditer ».

Bien qu'en raison de l'influence musulmane, la plupart des sikhs soient maintenant carnivores, certains regroupements, comme la secte *Namdhari* et le mouvement 3HO de Yogi Bhajan, sont strictement végétariens.

Fondée en Inde par Mahavira (599-527 avant Jésus-Christ), le jaïnisme est principalement basé sur la non-violence (*l'ahiṁsā*). Les jaïns sont toujours très fidèles aux enseignements sacrés, et les 4 millions de membres de cette religion sont tous de stricts végétariens.

Judaïsme et Ancien Testament

Au début de la Genèse, Dieu définit l'alimentation qui convient à l'homme : « Je vous donne les plantes de la terre qui produisent des graines, les arbres portant des fruits à pépins ou noyaux. Graines et fruits vous serviront de nourriture. » (*Genèse* 1:29)

Ainsi, d'Adam à Noé, le peuple d'Israël est principalement végétarien. Puis vient l'époque où l'être humain « tombe dans le péché » et se met à offrir des animaux en sacrifice. (*Genèse* 4:4)

Viande kascher

La viande dite « kascher » est une viande dont on a retiré le sang. « Cependant, vous ne mangerez pas la chair qui contient encore la vie, son sang. » (*Genèse* 9:2-4) Voilà pourquoi les juifs tentent de vider le sang du corps de l'animal avant de consommer sa chair. Mais ce rite n'est pas valable car même si le sang est extrait des artères, il en reste quand même dans les petits vaisseaux sanguins. Aucune viande n'est donc parfaitement kascher. Seul le juif végétarien ne se nourrit pas du sang des animaux.

Dans son ouvrage classique intitulé *Les Lois de l'alimentation juive*, Rabbi Samuel Ho Dresnet explique que « se nourrir de viande kascher est une sorte de compromis [...] l'homme devrait idéalement ne pas manger de viande car pour l'obtenir un animal doit être mis à mort ».

Juifs végétariens

De plus en plus de juifs rejettent le compromis qu'est la viande kascher. Le nombre des adhérents à la Société Internationale des Juifs Végétariens augmente modestement mais régulièrement. En Israël, plus de 4% de la population est végétarienne. En fait, après l'Inde, Israël est le pays où l'on trouve la plus grande concentration de végétariens religieux.

Martin Buber (1878-1965), réputé pour être l'un des plus grands philosophes et penseurs juifs modernes, recommandait une alimentation sans viande. Isaac Bashevis Singer et Samuel Yoseph, tous deux prix Nobel de littérature, expliquent que le végétarien fait preuve de bienveillance envers les animaux.

Christianisme et Nouveau Testament

Le Nouveau Testament que nous connaissons reste mystérieusement muet sur l'alimentation de Jésus et la nourriture qu'il recommandait...

Certains exégètes de la Bible affirment que cette lacune a pour cause la suppression systématique des passages où le Christ s'oppose catégoriquement à la consommation de viande.

Correction ou corruption ?

Le professeur Nestlé, dans son livre *Introduction au texte original du Testament grec* nous dit que certains érudits appelés « correctores » furent nommés par les autorités ecclésiastiques de l'époque afin de « corriger », ou plus précisément altérer les textes des Écritures.

Une de ces « corrections » eut lieu au concile de Nicée (325 après J.C.). À ce concile, affirment plusieurs érudits contemporains, les prêtres ont complètement modifié, par omission ou extrapolation, les documents chrétiens originaux. Le but de ces modifications était de rendre les Écritures acceptables à l'empereur Constantin. Celui-ci était d'ailleurs connu comme un être cruel qui faisait arrêter et emprisonner les chrétiens végétariens qu'il capturait.

Manuscrits de la mer Morte

Alors que les plus anciens documents connus du Nouveau Testament datent du 4ᵉ siècle (donc après le concile de Nicée), des manuscrits datant du tout début de l'ère chrétienne ont été découverts en 1947. Ces textes seraient les plus complets et les plus anciens des écrits chrétiens actuellement connus.

On y apprend que Jésus était végétarien. Ce que confirme la prédiction de l'Ancien Testament : « C'est donc le Seigneur qui va Lui-même vous donner un signe. Voici : la jeune fille est enceinte et va enfanter un fils qu'elle appellera Emmanuel. Il se nourrira de laitage et de miel. » (*Isaïe* 7:14).

On y découvre aussi cet étonnant dialogue entre un Saducéen et Jésus : « Dis-moi, pourquoi dis-tu que nous ne devons pas manger la chair des animaux ? Le bétail ne fut-il pas donné à l'homme comme les fruits et les herbes ? » Jésus lui répondit en ouvrant un melon. « Regarde ce fruit de la terre, regarde avec tes propres yeux ce bon fruit du sol et vois les graines qu'il contient. Chaque melon peut produire plus de 100 autres melons. Si tu plantes cette graine, tu te nourris du vrai Dieu, car aucun sang n'a coulé. Aucun cri n'a été perçu par tes oreilles et aucun sang n'a été vu de tes yeux. La vraie nourriture de l'homme provient de notre mère la Terre. Maintenant regarde ce que Satan donne : l'angoisse et la mort, le sang des vivants pris par l'épée. Ne sais-tu pas que celui qui vit par l'épée périra par l'épée ? Va, plante le bon fruit de la vie et ne fais plus souffrir les animaux. »

Chrétiens végétariens

Les premiers écrits chrétiens témoignent aussi de l'importance du végétarisme dans la pratique religieuse. Clément d'Alexandrie (160-240), l'un des pères de l'Église, recommandait l'alimentation végétarienne : « Il vaut mieux être heureux, dit-il, que de rendre nos corps pareils à des tombes pour animaux. […] L'apôtre Mathieu mangeait des céréales, des noix et des légumes, et s'abstenait de toute chair. » Grande célébrité de l'Église chrétienne à ses débuts, Saint Jérôme écrivait : « La préparation des légumes, des fruits et des légumineuses est facile et ne requiert pas de cuisiniers qui coûtent cher. » Il jugeait qu'un tel régime convenait mieux à une vie consacrée à la quête de la sagesse. Saint Jean Chrysostome (345-407) considérait l'alimentation carnée comme une coutume cruelle et contre nature pour les chrétiens : « Nous imitons les mœurs des loups, des léopards, ou plutôt nous faisons pire qu'eux. La nature les a faits pour qu'ils se nourrissent ainsi, mais Dieu nous a dotés de la parole et du sentiment de l'équité, et nous voilà devenus pires que les bêtes sauvages. » Il disait aussi : « Nous, les dirigeants chrétiens, pratiquons l'abstinence de la chair animale. » Saint Benoît, qui fonda l'ordre monastique des Bénédictins en 529, prescrivait les aliments végétariens comme nourriture de base pour ses moines. L'ordre de la Trappe, dès sa fondation au 17e siècle, s'opposa rigoureusement à la consommation de la viande, des œufs et des autres aliments d'origine animale. Cette règle fut révisée par le concile de Vatican II (1965), mais la plupart des Trappistes adhèrent encore à l'enseignement originel et sont végétariens. Aujourd'hui, l'Église adventiste du septième jour recommande fortement le végétarisme à ses membres, s'appuyant sur les enseignements de la Bible.

Même si la majorité des chrétiens sont non végétariens, nombreux sont ceux qui le deviennent et peuvent faire des déclarations proches de celle de John Wesley (1703-1791), le fondateur du méthodisme : « Je remercie Dieu, car depuis que j'ai laissé la viande et le vin, je ne contracte plus de maladies. »

L'islam et Mahomet

À la Mecque, lieu de naissance du prophète Mahomet (fondateur de l'islam), aucune créature ne peut être tuée, pas même un moustique. Lorsque le pèlerin arrive dans un lieu saint, il fait très attention à ne pas écraser d'insectes.

« Celui qui est bon avec les créatures de Dieu, l'est également avec lui-même. »

– Le prophète Mahomet, *Hadith*

Les premiers biographes du prophète Mahomet indiquent que celui-ci préférait la nourriture végétarienne. Mahomet se nourrissait surtout de fruits, de légumes, de lait, de miel et de dattes. Il disait : « Plusieurs anges descendront là où il y aura abondance de légumes. »

Quoique la majorité des musulmans d'aujourd'hui soit principalement carnivore, on découvre dans plusieurs enseignements de l'islam, notamment dans la tradition soufie, que le végétarisme est recommandé. Et comme dans le judaïsme, les musulmans ne peuvent se nourrir de viande sans avoir préalablement suivi certaines règles.

Al-Ghazzali (1050-1111), un des plus grands philosophes musulmans, disait : « Se nourrir de la chair de la vache apporte la maladie, mais son lait apporte la santé. Une habitude alimentaire motivée par la compassion procure une vie paisible. »

Le bouddhisme et la compassion

À l'origine, le bouddhisme fut pratiqué en Inde pour s'opposer à l'abattage généralisé des animaux. Dans ses enseignements sur *l'ahiṁsā*, la non-violence, Bouddha s'éleva contre les pratiques cruelles, nées d'une déviation perverse de la religion.

D.T. Suzuki, éminente autorité bouddhiste, écrit dans son livre *La Compassion* : « La compassion est au fondement de la religion bouddhiste. » Un bouddhiste doit donc éliminer la viande de son menu car « la consommation de la chair détruit la semence de la compassion ». (*Mahaparinirvana Sutra*)

« Que le disciple s'abstienne de toute viande afin de ne pas causer de frayeurs à d'autres êtres vivants. L'homme sensé ne se nourrit pas de viande. […] Il se peut que dans le futur, des insensés prétendent que j'ai approuvé la consommation de la viande, mais je n'ai pas permis, je ne permets pas et je ne permettrai jamais à personne de se nourrir de chair animale en tout temps et en tout lieu, c'est inconditionnellement interdit pour tous. »

– Paroles de Bouddha, *Dhammapada*

Les bouddhistes sont depuis toujours végétariens. Malheureusement, beaucoup ont dévié des enseignements originels, pensant qu'ils avaient le droit de se nourrir d'un animal qu'ils n'auraient pas tué de leurs propres mains. Ce genre de déviation fut pourtant condamné par Bouddha : « Il est faux de dire que l'on peut consommer une viande issue d'un animal que l'on n'a pas tué soi-même. » (*Laṅkāvatāra Sūtra*)

De nos jours, des millions de bouddhistes respectueux de la vie sont végétariens. « Comment un *bhikṣu* (un chercheur de la vérité) qui espère devenir un libérateur d'autrui, peut-il vivre en se nourrissant de la chair des autres êtres vivants ? » (*Śūraṅgama Sūtra*)

L'hindouisme et les Védas

Les Écritures védiques de l'Inde, qui regroupent les textes les plus anciens de la planète, insistent sur l'importance du végétarisme. Elles condamnent la consommation de chair animale et incitent à la compassion pour les animaux. On compte parmi elles la *Manu-saṁhitā*, livre des lois de l'humanité qui explique : « On ne peut se procurer de la viande sans blesser une créature vivante et l'on ne peut accéder à la félicité spirituelle en agissant ainsi. Ne mangeons donc plus de viande. » Un autre passage du même ouvrage stipule : « Après avoir mûrement considéré l'origine révoltante de la viande, la cruauté de la captivité et de la mise à mort des animaux, abstenons-nous entièrement de toute consommation de chair. » Malgré l'influence occidentale, on trouve encore aujourd'hui plus de 600 millions d'hindous religieusement végétariens.

« Ceux qui désirent jouir d'une grande beauté, d'une longue vie, d'une santé parfaite, d'une bonne mémoire et d'une grande force physique, morale et spirituelle, doivent s'abstenir complètement de toute chair animale. Qui peut être plus cruel et plus égoïste que celui qui veut nourrir sa chair de celle d'innocents animaux ? »

– *Le Mahābhārata*

Ces dernières années, le Mouvement pour la Conscience de Kṛṣṇa a introduit ces considérations morales à travers le monde entier. Śrīla Prabhupāda, son fondateur et maître spirituel, déclara : « Puisque nul n'est en mesure de créer un être vivant, personne n'a donc le droit de tuer ; les lois humaines qui font une distinction entre tuer un être humain et tuer un animal sont imparfaites. Selon les lois de Dieu, la mise à mort d'un animal mérite un châtiment au même titre que celle d'un humain. Ceux qui établissent une distinction entre les deux fabriquent de toutes pièces leurs propres lois. Un des Dix Commandements ordonne même : « Tu ne tueras point. » Voilà une loi parfaite que les êtres humains ont déformée avec leurs discriminations et leurs spéculations : « Je ne tuerai pas d'êtres humains, mais je tuerai des animaux. » Ainsi les gens se fourvoient-ils et sont-ils cause de souffrances pour eux-mêmes et pour autrui.

5

Vous êtes ce que vous mangez

Le végétarisme aide au
développement de la personne

« Pour que le végétarisme aide à l'évolution humaine, il doit être l'un des premiers pas vers une vie meilleure, sur tous les plans : physique, moral, mental, spirituel ; sinon le végétarisme ne sera qu'une béquille supplémentaire pour le maintien du moi égoïste et ne fera qu'entraver l'évolution de l'homme. »

– Sundari-Spendjian, *spiritualiste et auteur français*

Un mode de vie supérieur

Lorsqu'une personne adopte le végétarisme, il lui est plus facile de rester paisible, heureuse, productive et soucieuse du bien d'autrui. Comme le disait si bien le brillant physicien Albert Einstein : « Le végétarisme, par son action purement physique sur la nature humaine, pourrait influer de façon très bénéfique sur la destinée de l'humanité. »

Voici plusieurs citations de personnes célèbres montrant comment une alimentation végétarienne favorise le développement physiologique, psychologique et spirituel.

« Comme dernière conséquence du meurtre des animaux, le sang humain, abruti, ne peut plus s'élever aux choses intellectuelles. »
— Bossuet, *théologien et écrivain français*

« Le régime végétarien ne contribue pas pour peu de chose à la pureté de l'âme. »
— Michelet, *historien et philosophe français*

« Le régime pythagoricien est un facteur puissant de haute évolution humaine, parce qu'il assure le rendement le plus parfait et le plus harmonieux des forces spirituelles, vitales et physiques. Il agit d'abord sur l'esprit en le purifiant, en lui épargnant des incitations à la brutalité et à la sensualité. Il permet un meilleur développement intellectuel, parce qu'il facilite à coup sûr le jeu des opérations cérébrales. Tous les individus qui abandonnent l'usage des viandes sont surpris de constater combien leur esprit devient plus lucide, leur clairvoyance plus grande et leur but plus élevé. Puis, peu à peu, ils deviennent doux, optimistes, heureux de vivre. Ils sont comme transportés dans un monde supérieur, le cerveau libéré des influences malsaines, le sens moral fortifié, l'horizon des pensées élargi, l'éducation de la volonté facilitée et, bien sûr, les valeurs spirituelles recouvrées. »
— Dr Paul Carton, *médecin*

« Les corps, appesantis par les viandes, sont accablés de maladies ; une vie frugale les rend plus sains, plus robustes et coupe la racine de tous les maux. La multitude des aliments étouffe la chaleur naturelle, et c'est de là que viennent toutes les maladies. »
— Saint Basile-le-Grand, *père et docteur de l'Église chrétienne*

« Notez que les races habituées à se passer de chair animale sont caractérisées en général par leur non-agressivité, leur pondération, leur capacité à maîtriser les passions, ceci parce que leurs vibrations émotives violentes ne sont pas activées par une mauvaise alimentation. Les émotions pures découlent d'une alimentation pure et contribuent à leur tour à une pensée pure. C'est le cas de beaucoup d'hindous. »

– Dr Ad. Ferrière, *docteur en chimie*

« La viande ne sert qu'à développer les instincts bestiaux, la lubricité, la luxure, l'alcoolisme. »

– Léon Tolstoï, *écrivain*

« Il est impossible d'établir une différence bien marquée, du point de vue logique et moral, entre l'habitude de manger la chair des bêtes et la manière d'agir des cannibales. Ce n'est que par habitude irréfléchie que l'on excuse l'une et condamne l'autre. »

– Dr George Cheyne, *médecin, philosophe et écrivain écossais*

« Je mange de tout sauf des animaux. Mon alimentation est ainsi beaucoup plus variée. Cette habitude de dévorer, cette soif de sang ont fait que l'homme physique est devenu féroce. L'homme moral, lui, s'est éteint... »

– Charles Ménard, *philosophe français*

« Pour la femme et pour l'enfant, c'est une grâce, une grâce d'amour, d'être surtout frugivore, d'éviter les viandes fétides et de se nourrir d'aliments innocents qui ne causent la mort de personne, de nourritures suaves qui flattent l'odorat autant que le goût. »

– Michelet, *historien et philosophe français*

« Puisque vous savez déjà avec quelle ardeur j'ai abordé l'étude de la philosophie pendant ma jeunesse, je ne vous cache pas l'admiration que les préceptes de Pythagore m'ont inspirée. Socion, et après lui Sextus, se résolurent tous deux à s'abstenir de la chair des animaux. Bien que différentes, leurs raisons furent nobles.

« Socion pensait que l'homme n'a pas à se satisfaire du sang versé par les animaux pour être heureux car, disait-il, quand la pratique du meurtre devient une habitude, la brutalité passe dans les mœurs. De plus, ce type d'alimentation n'est pas naturel pour l'homme, disait-il, il nuit à sa santé. 'Si donc je vous prive de chair, comprenez bien qu'en fait je vous prive seulement de la nourriture des lions et des vautours. De tels arguments m'ont moi-même convaincu. Un an après avoir renoncé à la viande, mes nouvelles habitudes me sont devenues faciles et délicieuses. Il me semblait que mes capacités intellectuelles s'accroissaient.' »

– Sénèque, *savant stoïcien et moraliste*

« La nourriture carnée porte en elle les inquiétudes, les convoitises, les acharnements, les agressivités de la bête ; la nourriture végétale, la fraîcheur et la stabilité de la plante. »

– Lanza Del Vasto, *pacifiste*

« Les animaux sont maintenant assassinés industriellement dans une horrible atmosphère de révolte et de souffrance sans nom. […] Nos contemporains, par conséquent, n'absorbent pas seulement de la viande, ils absorbent également de la colère, de la révolte et de la bestialité. »

– Papus, *docteur en philosophie*

Le Dr Bonnejoy, après avoir étudié la vie de nombreux saints, dont saint Martin, saint Bénédict, saint François-Xavier, sainte Catherine de Sienne, saint Dominique, saint Yves de Kermartin, sainte Thérèse, saint Bernard, saint Charles de Borromée, etc., a découvert qu'ils étaient tous d'authentiques végétariens. Il en a conclu : « Le végétarisme est pour ainsi dire la caractéristique constante des saints. Ils y sont tous venus à un moment de leur vie, ayant reconnu que c'était le plus sûr moyen pour préparer et activer leur développement spirituel. »

– Dr Bonnejoy, *tiré de Végétarisme et Spiritualité*

« Nos jardins nous présentent tous les délices imaginables, tandis que l'abattoir et la boucherie sont pleins de sang figé, d'une puanteur abominable. »

– John Ray, *botaniste*

« Si vous étiez convaincu qu'en donnant de la viande à vos enfants vous leur communiquiez tous les vices, vous arrêteriez cette main malfaisante et préféreriez la voir se dessécher plutôt que de la voir exécuter un tel acte. »

– Francis Bacon, *philosophe anglais*

« Ah ! Qu'il est doux, saint et innocent, le spectacle d'une table ainsi garnie, et quelle différence avec un repas composé de chairs fumantes d'animaux égorgés, massacrés. Assurément, l'homme ne possède nullement l'organisme d'un être carnivore ; la rapine et la voracité ne lui sont pas naturelles. Il ne possède ni dents pointues, ni griffes pour déchirer une proie ; mais au contraire, il est pourvu de mains faites pour cueillir les fruits, ramasser les légumes, et de molaires pour mâcher. »

– John Ray, *botaniste*

« Le régime alimentaire à base de viande et de spiritueux, en rapprochant l'homme des espèces inférieures, immerge davantage encore son âme, quand il dort, dans les fluides grossiers et inférieurs. »

– Saint Yves d'Alveydre, *mystique et écrivain français*

« Nous avons dit que le disciple d'Hermès doit simultanément pratiquer la purification sur les plans spirituel, animique et physique. La purification physique requiert une alimentation exclusivement végétarienne. [...] La nourriture animale est la cause de toutes les corruptions organiques; son usage incite l'homme aux penchants instinctifs. Elle est à l'origine de la laideur et de la difformité des races. La cruauté, la barbarie, la luxure, le crime sont le propre des carnivores; le vrai, le beau, le bien, le propre des végétariens. »

– Jean Mavéric, *tiré de La Médecine hermétique des plantes*

6

Nous récoltons ce que nous semons

Karma et réincarnation

« Tant que l'homme détruira impitoyablement les animaux, il ne connaîtra ni santé, ni paix. Tant que les hommes massacreront les bêtes, ils s'entretueront. Celui qui sème le meurtre et la douleur ne peut évidemment pas prétendre récolter l'amour et la joie. L'habitude de la tuerie et par là même de la nourriture carnée sont incompatibles avec les espoirs de bonheur universel et de sagesse intégrale. »

– Dr Paul Carton, *médecin*
Commentaires sur les Vers d'or de Pythagore

Comprendre la loi du karma

Tuer d'innocents animaux n'est pas un acte sans conséquences. La part de souffrance infligée à ces pauvres bêtes nous reviendra tôt ou tard. Telle est l'incontournable loi du karma qui régit l'univers entier.

Cette loi, selon laquelle chaque acte vertueux engendre un bonheur futur et chaque mauvaise action, une souffrance, peut être comparée au principe scientifique de l'action et de la réaction. C'est donc à cause du karma que nous récoltons ce que nous semons. Nous voyons parfois les gens plaisanter en attribuant les évènements fâcheux de leur vie à leur « mauvais karma ». Mais la loi du karma, comme toute loi, n'est pas une farce. Elle agit d'une manière impartiale et sûre, nous accordant exactement ce que nous méritons.

Les conséquences du meurtre des animaux

Lorsqu'un humain donne inutilement la mort à un autre être vivant, surtout dans des conditions de douleurs et de souffrances atroces, son acte d'agression produit une sévère réaction karmique.

Dans son commentaire sur la *Bhagavad-gītā* (14.16), Śrī Śrīmad A.C. Bhaktivedanta Swami Prabhupāda nous met sérieusement en garde contre les répercussions karmiques de l'abattage des animaux. Il écrit : « Selon la loi de différents pays, un meurtrier doit être condamné à mort. En raison de leur ignorance, les êtres humains ne peuvent percevoir que l'univers matériel entier constitue un pays, dont le Seigneur Suprême est le maître. Chaque être créé est le fils du Seigneur, et Celui-ci ne tolère pas même le meurtre d'une fourmi. Pour un tel acte, il faudra payer. »

Réincarnation

Lorsqu'on comprend que toute vie est la manifestation de l'âme à travers tel ou tel corps matériel, on comprend mieux les notions d'âme, de karma et de réincarnation.

Dans le plus grand écrit spirituel de l'Inde, la *Bhagavad-gītā*, le Seigneur Kṛṣṇa décrit l'âme comme la source de la conscience et le principe actif qui anime le corps de chaque être vivant. Cette force vitale, de nature spirituelle, est distincte de la matière et lui est supérieure. À l'instant de la mort, l'âme impérissable transmigre vers un autre corps physique, de la même façon qu'elle est passée, dans le précédent, de l'enfance à la jeunesse puis à la vieillesse. Toutes les créatures, humains ou animaux, se réincarnent. La *Bhagavad-gītā* (2.22) nous dit : « L'âme revêt un corps nouveau, l'ancien étant devenu inutile, de même qu'on se défait de vêtements usés pour en revêtir de neufs. » Pour bien comprendre le mécanisme de la loi du karma, il faut donc réaliser avant tout la nature spirituelle de chaque être vivant.

L'âme des animaux

Contrairement à la doctrine matérialiste moderne qui fait de l'animal un être sans âme, la sagesse védique atteste que toute vie n'est possible que grâce à la présence de l'âme dans le corps.

Tout comme la lumière du soleil atteste de la présence de l'astre, la conscience individuelle atteste de la présence de l'âme. L'âme, de nature spirituelle, est une particule infime. Éternelle, elle n'est pas créée au moment où le corps se forme, pas plus qu'elle ne meurt au moment où le corps périt. La conscience n'est donc pas le fruit spontané d'une quelconque combinaison de matière. Tant que l'âme est présente dans le corps, celui-ci est tout entier pénétré de conscience, de vie ; mais dès qu'elle quitte le corps, la conscience disparaît avec elle.

Puisqu'une conscience individuelle anime tous les corps, humains ou animaux, l'âme est donc présente en chacun d'eux. On peut facilement constater un certain niveau de conscience chez les animaux. Comme nous, ils manifestent des émotions et agissent ; ils sont souvent capables d'exploits matériels supérieurs à l'humain. La différence principale est qu'ils n'ont pas l'intelligence assez développée pour comprendre leur nature spirituelle. Est-ce là une raison suffisante pour les tuer et les manger ?

Le voyage de l'âme

Les Védas expliquent que l'âme – en sanskrit *atma* – peut habiter l'une ou l'autre des millions d'espèces de corps matériels dont les formes varient dans leur complexité : des microbes et amibes aux êtres aquatiques, des plantes et insectes aux reptiles et oiseaux, des mammifères inférieurs aux espèces humaines. L'âme voyage continuellement d'un corps à l'autre, subissant morts et naissances successives pour finalement prendre conscience de sa nature spirituelle, au-delà de cette manifestation cosmique temporaire.

L'âme s'élève ou se dégrade

Selon les Védas, l'âme qui habite une forme infrahumaine évolue automatiquement vers la prochaine espèce supérieure, jusqu'à ce qu'elle atteigne enfin la forme humaine. À ce stade, elle jouit de la liberté de choisir entre la matière et l'esprit, et il se peut qu'elle glisse à nouveau vers des espèces inférieures. Les lois du karma sont ainsi conçues que si l'être humain vit et meurt animé d'une mentalité semblable à celle d'un animal, d'un chien par exemple, il pourra, dans sa vie suivante, satisfaire ses appétits canins à travers les sens et organes du chien. Un sort regrettable guette celui qui baigne dans l'ignorance. La *Bhagavad-gītā* (14.15) déclare à ce sujet: « Celui qui meurt sous l'emprise de l'ignorance renaît dans le monde des bêtes. » Ainsi l'âme qui aujourd'hui habite le corps d'un animal, peut-être habitait-elle jadis celui d'un humain et vice versa. Telles sont les lois du karma.

Les espèces non humaines n'engendrent pas de karma

Les animaux vivants sont rigoureusement contrôlés par leurs instincts naturels. Ils sont prisonniers des besoins fondamentaux de leur espèce, à savoir la nourriture, le sommeil, la procréation et la survie. Voilà pourquoi l'âme qui habite une forme non humaine n'est pas tenue responsable de ses actes et ne génère pas de karma.

La nature de l'âme

L'âme passe d'un corps à un autre sans que sa nature intrinsèque ne change. Pure énergie spirituelle, l'âme ne peut en aucun cas être altérée par la matière. La *Bhagavad-gītā* (2.18) affirme en effet que : « L'âme est indestructible, éternelle et sans mesure ; seuls les corps matériels qu'elle emprunte sont sujets à la destruction. » Ce n'est que l'enveloppe corporelle, dotée d'un mental et de sens particuliers, qui retient ou libère temporairement l'énergie consciente de l'âme.

Il ne faut pas détruire le corps d'autrui

Que l'âme soit indestructible ne justifie pas le meurtre des animaux. Dans un commentaire du *Śrīmad-Bhāgavatam*, œuvre majeure de la connaissance védique, Śrīla Prabhupāda explique que la destruction du corps d'un être vivant interrompt son évolution : « Tout être vivant se voit accorder un type de corps particulier pour un certain temps, après quoi chacun revêt une autre enveloppe pour un autre laps de temps. Tuer un animal est une faute grave, un péché, car on oblige l'âme qui l'habitait à reprendre naissance au sein de la même espèce. On interfère donc dans son évolution, l'obligeant à finir le temps initialement imparti à l'autre corps et donc, forcément, à connaître les contrariétés d'une nouvelle naissance et d'une nouvelle mort. Pécher signifie transgresser les lois de la nature qui sont toutes sous le contrôle de Dieu, la Personne Suprême.

Le corps, la demeure de l'âme

Si nous avons compris que le corps est la résidence de l'âme, nous ne pouvons qu'être respectueux de la vie. L'individu qu'on chasserait soudainement de sa confortable demeure éprouverait certainement du désagrément et de la détresse. De même, l'âme qui doit quitter prématurément sa demeure pour une autre doit subir des contrariétés et des souffrances inutiles.

Les responsables du meurtre des animaux

Ceux qui ne se sentent pas responsables du meurtre des animaux dont ils se nourrissent sont néanmoins coupables. Pour les tribunaux, par exemple, ceux qui conspirent à la mort d'une personne sont tous responsables, même s'ils utilisent les services d'un assassin. De même, selon la loi du karma, celui qui permet qu'on tue l'animal, celui qui accomplit l'acte meurtrier, celui qui vend la chair, celui qui l'apprête, celui qui l'achète et enfin, celui qui la mange, tous sont responsables et coupables.

La cause de la violence

À l'heure actuelle, malgré de remarquables progrès dans les domaines de la science et de la technologie, le monde est confronté à un problème de violence constante, de guerres, de terrorisme, de meurtres, de vandalisme et d'avortements.

Plus de 200 guerres ont éclaté depuis la fondation des Nations Unies en 1945. Ne serait-ce qu'aux États-Unis, quinze mille personnes sont assassinées chaque année. Puisque finalement les solutions sociales et politiques sont inadéquates, peut-être est-il temps d'analyser le problème sous un angle différent, de prendre en compte la loi du karma.

L'abattage cruel d'innombrables animaux sans défense doit être considéré comme une des causes de cette vague de violence. Dans son commentaire du *Śrīmad-Bhāgavatam*, Śrīla Prabhupāda souligne que la violence si répandue chez les êtres humains est la conséquence karmique de l'abattage des animaux : « En cet âge, la compassion n'existe pratiquement plus. Par conséquent, conflits et guerres opposent constamment hommes et nations.

« Les gens ne comprennent pas que puisqu'ils tuent sans restriction tant d'animaux, ils doivent à leur tour être tués à la guerre. En effet, des guerres éclatent tous les cinq ou dix ans et tuent un nombre incalculable de gens avec une cruauté encore plus grande que celle avec laquelle on fait périr les animaux. Parfois, durant la guerre, les soldats regroupent leurs ennemis dans des camps de concentration où ils leur réservent une mort atroce. Telles sont les conséquences de la chasse et de l'abattage sans restriction des animaux. »

Enlève-t-on la vie lorsqu'on se nourrit de végétaux ?

Les végétariens, ôtent-ils la vie aux végétaux ? Oui, sans aucun doute. Si celui qui se nourrit de fruits, de lait ou de noix ne tue personne, en revanche, celui qui arrache les légumes les tue véritablement.

Selon les lois de la nature, l'âme s'incarne en diverses espèces – aquatique, végétale, animale et humaine. Quiconque tue une plante doit donc subir une réaction karmique. Toutefois, la plante possède un système nerveux très peu développé et souffre beaucoup moins que l'animal lorsqu'on lui ôte la vie. Les conséquences karmiques, bien que moindres, sont néanmoins réelles.

Le régime végétarien est loin d'être aussi cruel que le régime carné, mais il n'est pas parfait. Pour s'affranchir de toutes conséquences karmiques, il faut aller au-delà du végétarisme et pratiquer le végétarisme spirituel.

Végétarisme spirituel

La *Bhagavad-gītā*, texte sacré de l'Inde, nous élève au végétarisme spirituel. Énoncée par Dieu Lui-même, la *Bhagavad-gītā* est l'essence des Védas.

S'adressant à Son dévot et ami intime, Kṛṣṇa explique dans ce livre sacré que l'être humain ne doit pas se nourrir d'aliments végétaux sans Lui en avoir fait d'abord offrande. Cette offrande protège de toute réaction karmique. Au chapitre trois, verset 13 de la *Bhagavad-gītā*, on lit en effet : « Les dévots du Seigneur sont affranchis de toute faute parce qu'ils ne mangent que des aliments offerts à Dieu. Mais ceux qui préparent des mets pour leur seul plaisir ne se nourrissent en fait que de péché. »

Śrīla Prabhupāda nous explique davantage le principe du végétarisme spirituel : « Les humains ont à leur disposition des céréales, des fruits, des légumes et du lait par la grâce du Seigneur ; ils doivent donc se montrer reconnaissants en Lui offrant d'abord la nourriture dont ils partageront ensuite les reliefs. » On appelle *prasādam* ces mets sanctifiés, et se nourrir ainsi de *prasādam* nous protégera du karma et favorisera notre progrès spirituel.

7

Au-delà du végétarisme

Pour un végétarisme spirituel

« La meilleure nourriture est celle que l'on offre d'abord à Dieu, au Seigneur Suprême. Celui-ci enseigne dans la *Bhagavad-gītā* que si on Lui offre avec dévotion des mets préparés à partir de légumes, de farine, de lait, Il les accepte. Bien entendu, l'amour et la dévotion qui accompagnent l'offrande sont, pour le Seigneur, les ingrédients les plus importants. »
– Śrī Śrīmad A.C. Bhaktivedanta Swami Prabhupāda

Une dimension supérieure

Au-delà des considérations liées à la santé, à la psychologie, à l'économie, à la morale et au karma, le végétarisme comprend une dimension supérieure, spirituelle, qui peut nous aider à développer notre appréciation et notre amour naturel pour Dieu.

Lorsque nous parcourons les allées du supermarché, nous oublions souvent ce principe fondamental : ce n'est pas l'être humain qui est la source de toute abondance alimentaire, mais Dieu. Il pourvoit à nos besoins d'une façon tout à fait remarquable. Que l'on place une graine minuscule dans le sol et très vite elle germera et donnera de nouvelles pousses qui produiront à leur tour des centaines de graines. Rien d'aussi efficace et merveilleux n'a encore été inventé par l'homme.

Offrir notre repas à Dieu

Les fidèles de la plupart des religions prient Dieu de les nourrir: « Donnez-nous aujourd'hui notre pain quotidien. » Nous devrions donc être reconnaissants envers le Seigneur Suprême qui nous donne toute cette nourriture. Afin de Le remercier de Sa générosité, chaque religion a son propre mode d'adoration. La *Bhagavad-gītā*, quant à elle, nous enjoint d'offrir notre nourriture au Seigneur, non seulement pour Lui témoigner notre gratitude mais aussi pour Lui montrer notre amour. Selon la tradition védique, cet amour et cette dévotion pour Dieu se nomment *bhakti-yoga*. Il faut savoir que dans la pratique de ce *bhakti-yoga*, l'offrande de nourriture au Seigneur est un geste essentiel car il aide à rétablir notre relation d'amour avec Lui.

À l'origine, chaque âme dans le monde spirituel est unie au Seigneur par une relation directe. La *Gītā* explique que le but principal de la vie est de raviver cette relation maintenant oubliée. Dans le *Bhāgavatam*, on peut aussi lire ce passage très intéressant: « La forme humaine nous offre une chance de retourner en notre demeure première, auprès de Dieu ; pour y parvenir, nous devons nous vouer au service du Seigneur. »

La science de la dévotion

Le service de dévotion, ou *bhakti-yoga*, est le yoga par excellence. Après avoir traité des diverses formes de yoga, Dieu, le maître de tous les yogas, déclare dans la *Bhagavad-gītā* (6.47): « De tous les yogis, celui qui M'adore et Me sert avec amour et dévotion M'est le plus intimement lié. » Il ajoute aussi : « Seulement à travers le service de dévotion peut-on Me connaître tel que Je suis. Et l'être qui, par une telle dévotion, devient pleinement conscient de Ma Personne, entre alors en Mon royaume absolu. »

Bhagavad-gītā 18.55, *teneur et portée*

Nourriture sanctifiée

Résumant la voie du *bhakti-yoga*, le Seigneur dit: «Quoi que tu fasses, que tu manges, que tu sacrifies et prodigues, quelque austérité que tu pratiques, que ce soit pour Me l'offrir.» (*Bhagavad-gītā*, 9.27) L'offrande de nourriture fait donc partie intégrante du yoga de la dévotion.

Le Seigneur décrit les offrandes qu'Il acceptera: «Que l'on M'offre, avec amour et dévotion, une feuille, une fleur, un fruit, de l'eau, et cette offrande, Je l'accepterai.» (*Bhagavad-gītā*, 9.26) Kṛṣṇa, qui omet spécifiquement la viande, le poisson et les œufs, Se verra offrir les aliments les plus purs et de la plus haute qualité, parmi lesquels on ne saurait certes inclure des cadavres en décomposition, ou des œufs qui sont en réalité de la chair liquide.

Ce n'est pas seulement le repas en lui-même qui est apprécié, mais l'amour et le soin qu'on met à le préparer. Dans la vie de tous les jours, il nous arrive de préparer un repas pour montrer notre affection à un être cher. De la même façon, l'offrande de nourriture à Dieu est destinée à nous aider à intensifier notre amour et notre dévotion pour Lui.

Qui est Dieu?

Il s'avère évidemment difficile d'aimer et de servir quelqu'un que l'on n'a jamais vu. N'ayant aucune référence scripturaire, ni aucune perception directe de la forme de Dieu, les artistes d'Occident ont généralement dépeint Dieu comme un vieillard barbu et solidement charpenté. Mais une telle image, issue de leur imagination imparfaite, ne peut correspondre à la réalité.

Heureusement, les Védas décrivent dans les moindres détails les traits personnels de Dieu. Les Védas sont l'ensemble des textes religieux de l'Inde. Mis par écrit il y a 5000 ans, leur origine date de la nuit des temps, et ils sont la source de la sagesse de l'Inde. Les descriptions ne sont pas inventées par un auteur. Elles dépeignent Dieu, la Personne Suprême, tel qu'Il S'est manifesté sur terre il y a plus de 5000 ans. Il jouit d'une éternelle jeunesse et d'une beauté fascinante; Il a un teint exceptionnel, d'un bleu très attrayant et Ses yeux sont pareils à des lotus. Il pare toujours Sa chevelure d'une plume de paon et une guirlande de fleurs orne Sa poitrine. Il est l'artiste, le musicien suprême; quand Il joue de Sa flûte, tous sont remplis d'admiration. Son éloquence est remarquable. Il brille d'une intelligence unique, Il possède un génie exceptionnel et Il Se livre à d'incomparables divertissements spirituels avec Ses compagnons éternels. On ne saurait trouver de fin aux descriptions contenues dans les Védas dépeignant les traits sublimes de la Personnalité de Dieu. Aussi L'appelle-t-on Kṛṣṇa, qui signifie l'infiniment fascinant. Lorsque l'on comprend l'identité personnelle de Dieu, méditer sur Lui et Le servir, en commençant par Lui offrir notre nourriture, devient facile.

Une nourriture spiritualisée

Puisque Kṛṣṇa est le Tout complet et purement spirituel, tout ce qui entre en contact avec Lui devient aussi complètement pur et spirituel.

Déjà dans le domaine de la nature physique, cette capacité de purifier diverses substances existe. Le soleil, par exemple, peut extraire une eau fraîche et pure d'un lac pollué.

Or, si l'énergie matérielle du soleil peut agir de la sorte, nous pouvons à peine imaginer la puissance purificatrice de l'énergie spirituelle de Dieu, la Personne Suprême, Lui qui crée sans peine des millions de soleils. En agissant à travers Ses immenses puissances transcendantales, Kṛṣṇa peut effectivement transformer la matière en esprit. Une barre de fer plongée dans le feu passera rapidement au rouge et revêtira toutes les qualités essentielles du feu. De la même façon, la substance matérielle de la nourriture offerte à Kṛṣṇa devient complètement spiritualisée. On l'appelle alors *prasādam*, ce qui en sanskrit signifie «la miséricorde du Seigneur».

Une pratique joyeuse

Le simple fait de déguster du *prasādam* constitue en soi une pratique fondamentale du *bhakti-yoga*. Les autres formes de yoga exigent qu'on restreigne les sens ; le *bhakti-yogī*, lui, emploie en toute liberté les siens dans une variété d'activités spirituelles agréables.

De telles pratiques purifient graduellement les sens. Ceux-ci ressentent alors l'attrait des plaisirs divins, lesquels surpassent de beaucoup les sensations matérielles.

La saveur unique du prasādam

On retrouve dans les Écritures védiques de nombreuses descriptions du *prasādam* et de son influence. Śrī Caitanya Mahāprabhu, incarnation divine du Seigneur Suprême, apparut en Inde il y a 500 ans. Il expliquait : « Tous ont déjà mangé ces aliments, mais ils possèdent désormais des saveurs extraordinaires et des arômes incomparables. Goûtez-les simplement et appréciez la différence. Que dire de leur goût ; même leur parfum séduit l'esprit et nous fait oublier toute autre douceur. Il nous faut donc en conclure que le nectar transcendantal des lèvres de Kṛṣṇa a touché ces ingrédients ordinaires et leur a transmis toutes ces vertus spirituelles. »

Caitanya-caritāmṛta, Antya 16.109-112, *teneur et portée*

La perfection du végétarisme

L'ultime perfection du végétarisme consiste à ne se nourrir que d'aliments offerts à Dieu, Śrī Kṛṣṇa. Après tout, de nombreux animaux, dont les pigeons et les singes, sont aussi végétariens.

Le végétarisme ne représente donc pas une fin en soi. Nous avons vu précédemment que les Védas donnent pour but à la forme humaine la découverte du lien d'amour originel qui nous unit à Dieu. Or, ce but peut être atteint si nous dépassons le simple végétarisme pour ne manger que du *prasādam*.

Les différentes sortes d'aliments

La pratique du végétarisme spirituel commence avec le choix des denrées et des aliments que nous allons offrir à Kṛṣṇa.

Dans la *Bhagavad-gītā* (17.8-10), Kṛṣṇa affirme que toute nourriture peut être classée selon les trois modes d'influence de la nature matérielle : vertu, passion et ignorance. « Les aliments de la vertu purifient l'existence et en prolongent la durée ; ils procurent force, santé, joie et satisfaction. Ces aliments substantiels sont doux, juteux, gras et pleins de saveur. Les aliments trop amers, acides, salés, piquants, secs ou chauds, sont aimés de ceux que domine la passion. Ils engendrent souffrance, malheur et maladie. Et chers aux êtres humains qu'enveloppe l'ignorance sont les aliments cuits plus de trois heures avant d'être consommés, les aliments privés de goût, de fraîcheur, malodorants, décomposés ou impurs, voire les restes. » Les aliments de la vertu comme les produits laitiers, les légumes, les fruits, les noix, les céréales et les sucres naturels peuvent être offerts à Kṛṣṇa. Les champignons, les oignons, l'ail, la viande, le poisson et les œufs appartiennent aux modes inférieurs de la nature matérielle et ne peuvent pas être offerts à Kṛṣṇa. Les cafés et thés qui contiennent de la caféine appartiennent aussi à la passion et à l'ignorance.

Ainsi, devons-nous prendre grand soin de ne sélectionner que des produits appartenant au mode de la vertu et de vérifier qu'il n'y ait aucun produit animal dans la liste des ingrédients.

L'offrande au Seigneur

Une fois ces aliments apprêtés, nous pouvons les offrir en plaçant une portion de chaque mets dans des petits plats, soucoupes ou autres, réservés pour l'offrande. Puis avec humilité, nous pouvons prier : « Cher Kṛṣṇa, ô Seigneur Suprême, veuillez accepter cette nourriture. »

Après cette prière, il est recommandé de réciter pendant quelques minutes le mantra :

Hare Kṛṣṇa, Hare Kṛṣṇa, Kṛṣṇa Kṛṣṇa, Hare Hare
Hare Rāma, Hare Rāma, Rāma Rāma, Hare Hare

Il faut se souvenir que nous désirons avant tout faire preuve de dévotion envers le Seigneur. Certes, complet en Lui-même, Il n'a besoin de rien mais l'offrande est pour nous un moyen de Lui témoigner notre amour et notre dévotion.

La nourriture offerte maintenant spiritualisée, le *prasādam*, peut être servie pour que chacun savoure et apprécie sa nature spirituelle.

Autres principes du bhakti-yoga

Bien entendu, l'offrande de nourriture n'est qu'un des aspects du *bhakti-yoga*. Afin de purifier notre conscience et de spiritualiser davantage nos sens, la *Bhagavad-gītā* nous recommande d'autres activités qui s'inscrivent dans le cadre du service de dévotion. La première est le chant régulier du mantra : Hare Kṛṣṇa, Hare Kṛṣṇa, Kṛṣṇa Kṛṣṇa, Hare Hare / Hare Rāma, Hare Rāma, Rāma Rāma, Hare Hare.

Dans la *Kali-Santaraṇa Upaniṣad*, nous lisons : « Ces seize noms formés de trente-deux syllabes représentent l'unique moyen de neutraliser l'influence nocive du *kali-yuga* (l'âge de fer dans lequel nous vivons). Pour franchir cet océan d'ignorance, il n'y a pas d'autre solution que de chanter ou réciter les Saints Noms du Seigneur. »

Progresser dans la vie spirituelle

Pour rehausser la qualité de notre vie spirituelle, il est recommandé d'éviter l'intoxication sous toutes ses formes : drogue, alcool, cigarette, et même café et thé qui contiennent de la caféine. La consommation de ces substances obscurcit inutilement l'esprit déjà envahi par les concepts matériels de l'existence. La *Bhagavad-gītā* recommande également à la personne s'efforçant de progresser spirituellement de fuir les jeux de hasard, car ceux-ci génèrent invariablement de l'anxiété et nourrissent l'avidité, l'envie et la colère. La sexualité illicite est aussi à éviter car elle fait croître les désirs matériels et entrave l'épanouissement de la conscience spirituelle. Les règles du *bhakti-yoga* permettent toutefois les rapports sexuels dans le cadre du mariage.

En adhérant à ces principes régulateurs, nous connaîtrons un plaisir spirituel croissant, qui imprégnera de façon tangible notre vie.

Plus important que le végétarisme

Śrī Śrīmad A.C. Bhaktivedanta Swami Prabhupāda – en qui l'on reconnaît le plus grand ambassadeur culturel et spirituel de l'Inde – enseigna personnellement à ses disciples l'art de préparer et de distribuer le *prasādam*. Il expose longuement dans ses livres et conférences publiques la philosophie védique et nous parle de l'offrande de nourriture à Kṛṣṇa : « Rappelons-nous que ce n'est pas le végétarisme en soi qui s'avère important, dit Śrīla Prabhupāda, l'important, c'est d'apprendre l'art d'aimer Kṛṣṇa. L'amour se manifeste d'abord par l'offrande et l'acceptation de présents. Nous donnons quelque chose à l'Être cher, et Il réciproque ; ainsi se développe l'amour. » Tous peuvent s'initier à cet échange d'affection en offrant des mets végétariens à Kṛṣṇa et en honorant les reliefs sanctifiés, le *prasādam*.

8

Le Goût supérieur

Extraits des ouvrages de Śrī Śrīmad
A.C. Bhaktivedanta Swami Prabhupāda

Śrīla Prabhupāda fut le premier à répandre les principes védiques du végétarisme spirituel à travers le monde. Grâce à sa contribution, des millions de personnes peuvent maintenant goûter aux joies d'une alimentation saine et libre de tout karma.

À New York, en 1966, Śrīla Prabhupāda fonda le Mouvement pour la Conscience de Kṛṣṇa et entreprit une vaste distribution de nourriture sanctifiée. Depuis ce jour, ses disciples ont distribué gratuitement des milliers de repas végétariens dans toutes les grandes villes du monde.

En définitive, Śrīla Prabhupāda a particulièrement démontré l'importance d'une alimentation sanctifiée pour l'être humain. Les passages qui suivent sont extraits des nombreux textes qu'il publia. Ils montrent la profondeur des bases philosophiques du végétarisme spirituel.

Le mythe de la disette

Si Dieu le voulait, la terre produirait plus de fruits, de céréales et d'autres denrées alimentaires que n'en pourraient consommer tous les peuples du monde, même s'ils mangeaient dix fois plus que ce que leur ventre peut contenir. En fait, rien ne manque en ce monde matériel, excepté la conscience de Kṛṣṇa. Si les gens deviennent conscients de Kṛṣṇa, alors, par la volonté transcendantale de Dieu, la Personne Suprême, la terre produira assez de nourriture pour que nul ne rencontre de difficultés économiques. Cette vérité est très simple à comprendre. La production de fruits et de fleurs ne dépend pas de nous, mais de la volonté suprême de Dieu. Lorsqu'Il est satisfait, Il peut nous donner des fruits, des fleurs, etc. en quantité suffisante. Quand les gens, cependant, se montrent irréligieux et athées, la nature, de par la volonté divine, restreint la production de nourriture.

Caitanya-caritāmṛta, Ādi 9.38, teneur et portée

Vous êtes ce que vous mangez

M. Faill : Est-il nécessaire de suivre certaines règles alimentaires pour pratiquer la spiritualité ?

Śrīla Prabhupāda : Oui. Dans la vie spirituelle toutes les pratiques visent à notre purification, et l'alimentation doit aussi contribuer à cette fin. Ne dites-vous pas : « Vous êtes ce que vous mangez » ? Rien n'est plus vrai. Notre constitution physique et notre attitude mentale sont déterminées par notre alimentation. Aussi les Écritures recommandent à ceux qui désirent devenir conscients de Kṛṣṇa, d'honorer les reliefs de la nourriture qu'on Lui offre (*kṛṣṇa-prasādam*). Si vous mangez les restes du repas d'un tuberculeux, vous contracterez sa maladie. Dans un même ordre d'idée, si vous mangez du *kṛṣṇa-prasādam*, vous « contracterez » la conscience de Kṛṣṇa. Notre procédé consiste donc à ne rien manger qui n'ait d'abord été offert à Kṛṣṇa. Cela nous aide à progresser dans la conscience de Kṛṣṇa.

M. Faill : Vous êtes donc tous végétariens ?

Śrīla Prabhupāda : Oui, car Kṛṣṇa l'est Lui-même. Étant Dieu, Kṛṣṇa peut manger ce qui Lui plaît. Or, Il nous dit dans la *Bhagavad-gītā* (9.26) : « Que l'on M'offre, avec amour et dévotion, une feuille, une fleur, un fruit, de l'eau, et cette offrande, Je l'accepterai. » Mais jamais : « Offrez-Moi de la viande et du vin. »

The Science of Self-Realization (chap. 5)

« Tu ne tueras point »

Śrīla Prabhupāda : Il faut accepter telles quelles les prescriptions scripturaires et non pas seulement les passages qui nous conviennent. Comment peut-il être question d'amour de Dieu si l'on ne peut même pas suivre un commandement aussi essentiel que : « Tu ne tueras point » ?

Un invité : Les chrétiens considèrent que ce commandement ne s'applique qu'aux humains, non aux animaux.

Śrīla Prabhupāda : Voulez-vous dire que le Christ n'avait pas assez d'intelligence pour utiliser le mot juste, qui est « meurtre » ? Il y a « tuer » et « assassiner », ce dernier mot s'appliquant plus particulièrement aux humains alors que « tuer » s'applique à tous les êtres, et plus spécifiquement aux animaux. Si Jésus avait seulement voulu interdire le meurtre, il aurait utilisé le mot « assassiner ». On peut toujours interpréter les mots à sa manière, mais le sens direct du commandement est fort clair. « Tu ne tueras point » signifie : « Toi, chrétien, tu ne donneras pas la mort. »

Père Emmanuel : Mais alors… ne peut-on dire que manger les plantes revient également à tuer ?

Śrīla Prabhupāda : La philosophie *vaiṣṇava* enseigne qu'on ne doit pas même tuer les plantes sans nécessité. Par ailleurs, Kṛṣṇa dit dans la *Bhagavad-gītā* (9.26) : « Que l'on M'offre avec amour et dévotion une feuille, une fleur, un fruit, de l'eau, et cette offrande, Je l'accepterai. » Nous n'offrons à Kṛṣṇa que les aliments qu'Il demande et nous ne mangeons nous-mêmes que les reliefs sanctifiés de cette offrande. Si offrir une nourriture végétarienne à Kṛṣṇa était mauvais, c'est Lui qui aurait tort, pas nous. Mais Dieu est *apāpaviddha*. Il ne saurait être atteint par le péché. Manger de la nourriture offerte au Seigneur, c'est comme, pour un soldat, tuer en temps de guerre. Lorsque le chef des armées ordonne de passer à l'attaque, celui qui obéit et tue les ennemis se gagnera un titre de gloire. Mais que ce même soldat tue un être humain pour son propre compte, et il sera condamné. De même, manger le *prasādam* (la nourriture d'abord offerte à Kṛṣṇa) ne nous rend coupable d'aucune faute. Ce que confirme la *Bhagavad-gītā* (3.13) : « Les dévots du Seigneur sont affranchis de toute faute, parce qu'ils ne mangent que des aliments offerts en sacrifice. Mais ceux qui préparent des mets pour leur seul plaisir ne se nourrissent que de péché. »

Père Emmanuel : Kṛṣṇa ne peut-Il parfois autoriser la consommation de chair animale ?

Śrīla Prabhupāda : Oui, dans le règne animal. Mais l'être humain civilisé, l'être humain religieux, ne saurait tuer et manger les animaux. Cessez de tuer les animaux, chantez le saint nom du Christ et votre vie sera parfaite... Je crois que les prêtres chrétiens doivent œuvrer avec le Mouvement pour la Conscience de Kṛṣṇa. Ils doivent chanter le nom du Christ, ou « Kristos », et cesser de tolérer qu'on abatte les animaux. Ces enseignements sont en accord avec ceux de la Bible, ils ne sont pas de mon invention. Agissez ainsi et vous verrez alors la condition universelle changer.

The Science of Self-Realization (chap. 4)

La civilisation moderne engendre la souffrance

Des céréales peuvent être produites en abondance grâce à l'agriculture, et en protégeant les vaches on peut obtenir d'amples provisions de lait, de yaourt et de *ghi* (beurre clarifié). [...] Malheureusement, la civilisation moderne s'acharne à tuer les vaches qui pourraient lui fournir du lait, du yaourt et du *ghi*. [...] Au lieu de se livrer à des travaux agricoles, elle préfère ouvrir des usines destinées à la fabrication de vis, de boulons, d'automobiles ou à la production de vin. Comment les gens peuvent-ils être heureux ainsi ? Ils doivent forcément souffrir de tous les maux qui découlent du matérialisme.

Śrīmad-Bhāgavatam 5.16.25, teneur et portée

Les végétariens sont également coupables de violence

On nous dit parfois: «Vous nous demandez de ne pas manger de viande, mais vous mangez bien des légumes; ne croyez-vous pas que ce soit là aussi de la violence?» La réponse est qu'on se rend également coupable de violence en mangeant des aliments végétaux et que les végétariens font aussi du mal à d'autres êtres, puisque même les plantes sont des êtres vivants. Les non-dévots abattent vaches, chèvres et nombre d'autres animaux pour se nourrir, et celui qui est végétarien tue lui aussi. Ainsi le veut la loi de la nature. Chaque être vit aux dépens d'un autre (*jīvo jīvasya jīvanam*). Mais l'être humain, lui, doit restreindre ses actes de violence au minimum.

Śrīmad-Bhāgavatam 3.29.15, *teneur et portée*

La vache doit être protégée

Le lait est comparé à du nectar que l'on peut boire afin de devenir immortel. Bien entendu, le simple fait de boire du lait ne rend pas l'être humain immortel, mais cela peut accroître sa durée de vie. Dans la civilisation moderne, les gens ne pensent pas que le lait soit important. Bien qu'en cet âge les êtres humains puissent vivre jusqu'à cent ans, leur durée de vie est réduite parce qu'ils ne boivent pas de grandes quantités de lait. Au lieu de boire du lait, les gens préfèrent abattre un animal et en manger la chair. Dieu, la Personne Suprême, recommande dans la *Bhagavad-gītā* le *go-rakṣya*, c'est-à-dire la protection de la vache. La vache doit être protégée, le lait recueilli et préparé de façons variées. Il faut consommer une grande quantité de lait, car ainsi pourra-t-on prolonger sa vie, nourrir son cerveau, pratiquer le service de dévotion, et finalement obtenir la faveur de Dieu, la Personne Suprême.

Śrīmad-Bhāgavatam 8.6.12, *teneur et portée*

Le prasādam nous immunise contre la souillure matérielle

Lors d'une épidémie, on vaccine les gens pour les immuniser contre le microbe. De même, lorsqu'on se nourrit d'aliments offerts au préalable au Seigneur Kṛṣṇa, on peut résister à toutes les attaques de l'énergie matérielle. On appelle dévot du Seigneur celui qui agit toujours ainsi. De cette façon, l'être conscient de Kṛṣṇa, qui ne mange que de la nourriture offerte à Kṛṣṇa, peut effacer toutes les conséquences de ses mauvais rapports avec la matière et s'ouvrir le chemin vers la réalisation spirituelle. En contrepartie, ceux qui ne le font pas continuent d'accroître le volume de leurs actes coupables. Ils se préparent ainsi un autre corps, peut-être celui d'un chien ou d'un porc, dans lequel ils devront subir les conséquences de leurs péchés. L'énergie matérielle est source de toute contamination, mais celui qu'immunise le *prasādam* (la nourriture offerte à Kṛṣṇa) échappe à ses attaques. Tout autre en est victime, sans recours.

Bhagavad-gītā 3.14, *teneur et portée*

Qui tue sera tué

Ceux dont le métier consiste à mettre à mort des milliers d'animaux afin que d'autres puissent en acheter la chair pour la manger, doivent s'attendre à subir le même sort que ces animaux, vie après vie. De nombreux scélérats violent leurs propres principes religieux. Les Écritures judéo-chrétiennes disent clairement : « Tu ne tueras point. » Néanmoins, même les chefs religieux, sous divers prétextes, se livrent à l'abattage des animaux, tout en se faisant passer pour des saints. Une telle farce, une telle hypocrisie au sein de la société engendre d'innombrables fléaux, d'où les grandes guerres qui éclatent périodiquement. Des masses de tels individus s'affrontent et s'entretuent alors sur le champ de bataille. Aujourd'hui, ils ont inventé la bombe atomique qui menace de les anéantir.

Caitanya-caritāmṛta, Madhya 24.251, *teneur et portée*

Montrer notre dévotion à Dieu en Lui offrant notre nourriture avec amour

La *Bhagavad-gītā* (9.26) recommande : « Qu'un dévot M'offre une simple fleur, une feuille, un peu d'eau ou quelques fruits, et son offrande, Je l'accepterai. » Le but réel de l'offrande consiste à montrer son amour et sa dévotion au Seigneur. Si l'on offre au Seigneur toutes sortes d'aliments ainsi que des fruits et des fleurs sans avoir développé d'amour pour Lui, sans dévotion réelle, Il n'acceptera pas ces offrandes. Nul ne peut acheter Dieu. Nos tentatives de corruption n'ont sur Lui aucun effet. Telle est Sa grandeur. Et Il ne manque de rien ; qu'avons-nous donc à Lui offrir ? Il trouve en Lui-même Sa plénitude ; tout provient de Lui. Nous ne pouvons en vérité Lui offrir que notre amour et notre gratitude.

Śrīmad-Bhāgavatam 3.29.24, *teneur et portée*

L'abattage des animaux n'est pas le propre d'une civilisation

L'homme véritablement civilisé connaît l'art de préparer des mets nutritifs à partir du lait. Dans toutes les communautés rurales de notre Mouvement pour la Conscience de Kṛṣṇa, nous utilisons des centaines de produits laitiers, tous merveilleux. Les visiteurs s'étonnent toujours de voir que l'on puisse obtenir tant de préparations délicieuses à partir du lait. Le sang de la vache est certes très riche en matières nutritives, mais l'être humain civilisé en bénéficie sous forme de lait. Le lait, en effet, n'est rien d'autre que le sang de la vache transformé. On peut en tirer tant de sous-produits : du yaourt, du fromage, du *ghi*… Et en les mélangeant à des céréales, à des fruits et à des légumes, on obtient ainsi des centaines de préparations. Voilà ce qu'on entend par civilisation, et non tuer directement un animal pour en dévorer la chair.

The Science of Self-Realization (chap. 1)

Offrir de la nourriture à Kṛṣṇa est un acte d'amour

Kṛṣṇa est si bon que si quelqu'un Lui offre une feuille, un fruit, une fleur ou un peu d'eau, Il l'acceptera sur-le-champ. La seule condition est que ces choses soient offertes avec dévotion (*bhakti*). Pour tout ce que l'on offre à Kṛṣṇa avec amour et dévotion, Kṛṣṇa peut offrir en retour des millions de fois plus, tant matériellement que spirituellement. Le principe fondamental sous-jacent est un échange d'amour. Kṛṣṇa enseigne donc dans la *Bhagavad-gītā* (9.27) : « Quoi que tu fasses, que tu manges, que tu sacrifies et prodigues, quelque austérité que tu pratiques, que ce soit pour Me l'offrir, ô fils de Kuntī. »

Śrīmad-Bhāgavatam 10.11.11, *teneur et portée*

Les animaux ont aussi le droit de vivre

Le journaliste : La Déclaration d'indépendance stipule également que tous les êtres humains sont dotés par Dieu de certains droits naturels qu'on ne saurait leur enlever. Il s'agit du droit à la vie, à la liberté, etc.

Śrīla Prabhupāda : Mais les animaux ont aussi le droit de vivre. Pourquoi leur refuse-t-on ce droit ? Le lapin, par exemple, vit à sa façon dans la forêt. Pourquoi le gouvernement permet-il aux chasseurs d'aller le tuer ?

Le journaliste : Ces droits ne s'appliquent qu'aux êtres humains.

Śrīla Prabhupāda : Ceux qui ont rédigé et signé cette Déclaration d'indépendance n'ont donc pas vraiment de connaissance philosophique. Une vue des plus étroites, qui nous incite à penser que notre famille ou notre frère a le droit de vivre mais qu'on peut tuer tous les autres, s'avère criminelle. Supposons que pour l'amour de ma famille je tue votre père ; serait-ce là un geste philosophique ? Faire preuve d'amitié envers tous les êtres vivants (*suhṛdam sarva-bhutānam*), voilà ce qu'on entend vraiment par philosophie.

The Science of Self-Realization (chap. 6)

Les animaux ont-ils une âme ?

Śrīla Prabhupāda : Certains disent : « Nous croyons que les animaux n'ont pas d'âme. » Mais c'est une erreur. S'ils croient cela, c'est parce qu'ils veulent les manger, mais en fait les animaux ont bel et bien une âme.

Le journaliste : Comment le savez-vous ?

Śrīla Prabhupāda : Mais vous aussi pouvez le savoir. Je vais vous en donner la preuve scientifique : comme vous, l'animal mange, dort, se défend, s'accouple et se reproduit. Comme vous, il a un domicile ; comme vous, s'il se coupe, il saigne. Toutes ces similitudes sont indéniables. Alors pourquoi rejeter celles qui touchent à la présence de l'âme ? C'est contraire à la logique ; avez-vous étudié cette science ? La logique fait appel à la notion d'analogie. On entend par là le fait de tirer une conclusion en faisant ressortir plusieurs similitudes entre deux propositions. S'il existe ainsi tant de points communs entre l'homme et l'animal, pourquoi dénier une similitude en particulier ? Ce n'est ni logique, ni scientifique.

The Science of Self-Realization (chap. 1)

Les bourreaux d'animaux ont un cœur de pierre

Certaines crapules avancent que les animaux sont dépourvus d'âme ou qu'ils sont en quelque sorte insensibles comme des pierres. C'est ainsi qu'ils se justifient en disant qu'il n'y a aucun mal à les tuer. En réalité, les animaux ne sont pas comme des pierres inertes, ce sont plutôt leurs bourreaux qui ont des cœurs de pierre. Aussi, nulle logique, nulle philosophie ne peut avoir de prise sur eux. Ils continuent d'utiliser leurs abattoirs et d'aller à la chasse.

Śrīmad-Bhāgavatam 4.26.9, *teneur et portée*

Menace de famine

La *Bhagavad-gītā* (3.13) confirme que celui qui se nourrit d'aliments offerts en sacrifice assure comme il convient sa subsistance. Mais celui qui cuisine pour lui-même et n'accomplit aucun sacrifice n'avale à chaque bouchée que du péché. Cette façon coupable de se nourrir ne rend jamais l'être humain heureux et n'empêche pas la disette. Contrairement à ce que croient certains économistes de piètre intelligence, la famine n'est pas due à la surpopulation. Si l'humanité se montrait reconnaissante envers Dieu pour tous les biens qu'Il accorde aux êtres vivants pour leur subsistance, il n'y aurait ni pénurie ni indigence dans la société. Mais lorsque les êtres humains oublient la valeur intrinsèque de ces présents du Seigneur, ils se retrouvent alors, certes, dans le besoin. Un être humain dénué de conscience divine peut connaître une opulence temporaire grâce à quelques actes de vertu accomplis dans le passé, mais s'il vit dans l'oubli de sa relation avec le Seigneur, il doit s'attendre, selon les lois puissantes de la nature matérielle, à souffrir de privations.

Śrīmad-Bhāgavatam 3.5.49, *teneur et portée*

Le sort des tueurs d'animaux

Le fait de tuer des animaux nous obligera à renaître sous une forme animale, pour être nous aussi mis à mort par le même type d'animal que nous avons tué. Ainsi le veut la loi de la nature. Il est dit, *māṁ saḥ khadatiti māṁsaḥ*, ce qui se traduit ainsi : Je mange aujourd'hui la chair d'un animal qui, dans le futur, se nourrira de la mienne. (Le mot sanskrit *māṁsa* signifie *viande*.)

Caitanya-caritāmṛta, Madhya 24.252, *teneur et portée*

Un acte abominable condamné

Dans le monde entier et dans toutes les religions établies, on pratique couramment le sacrifice d'animaux au nom de la religion. Il est dit que le Seigneur Jésus-Christ, alors qu'il n'était âgé que de douze ans, fut choqué de voir les juifs sacrifier de la volaille et d'autres animaux dans les synagogues, et qu'il rejeta pour cela la religion juive. Il fonda alors le christianisme, qui s'en tient au commandement de l'Ancien Testament : « Tu ne tueras point. » De nos jours, cependant, non seulement les animaux sont tués sous prétexte de « sacrifices », mais leur abattage a énormément augmenté du fait de l'accroissement du nombre des abattoirs. Tuer des animaux, que ce soit pour la religion ou pour s'alimenter, est un acte abominable qui est ici condamné.

Śrīmad-Bhāgavatam 7.15.10, *teneur et portée*

Il y a suffisamment de nourriture à l'heure actuelle

La société est présentement structurée de telle façon qu'elle produit suffisamment de céréales sur toute la terre. C'est pourquoi l'ouverture d'abattoirs ne saurait être tolérée. Certains pays produisent des céréales de manière tellement abondante qu'ils doivent jeter les surplus à la mer ; d'autres fois, c'est le gouvernement qui en arrête la production. Pour conclure, la terre produit suffisamment de céréales pour nourrir le monde entier, mais leur distribution se trouve limitée par les lois du commerce et l'attrait du gain. Il en résulte que certains pays manquent de céréales alors que d'autres en ont trop. Si un seul gouvernement dirigeait la planète entière et organisait la distribution des céréales, nul ne connaîtrait la disette, il n'y aurait aucune nécessité d'ouvrir des abattoirs, et il ne serait pas davantage utile d'élaborer de fausses théories comme celle de la surpopulation.

Śrīmad-Bhāgavatam 4.17.25, *teneur et portée*

Un régime alimentaire qui guérit l'âme

Tout le monde devrait savoir que l'homme est sujet à deux sortes de maladies. L'une dite *adhyātmika*, ou maladie matérielle, se rapporte au corps, l'autre, la maladie principale, est spirituelle. L'être vivant est éternel mais lorsqu'il se trouve d'une façon ou d'une autre en contact avec l'énergie matérielle, il doit endurer le cycle de la naissance, de la maladie, de la vieillesse et de la mort. Le Mouvement pour la Conscience de Kṛṣṇa s'est donné pour mission de guérir cette maladie mais les gens ne lui témoignent pas beaucoup d'appréciation, car ils ne savent pas ce qu'est cette maladie. Un patient a besoin à la fois d'un médicament et d'un régime appropriés ; c'est pourquoi le Mouvement pour la Conscience de Kṛṣṇa donne comme remède aux gens matériellement atteints, le chant du Saint Nom, du *mahā-mantra* Hare Kṛṣṇa, et comme régime, le *prasādam*.

Caitanya-caritāmṛta, Ādi 10.51, teneur et portée

S'élever au niveau transcendantal

Notre Mouvement pour la Conscience de Kṛṣṇa offre simplement à tous l'occasion d'entendre les gloires de Dieu et de manger du *prasādam*. Il en résulte que beaucoup de personnes qui suivent cette voie développent une dévotion pure pour Kṛṣṇa. Nous ouvrons des centaines de centres de par le monde à seule fin de donner aux gens la chance d'entendre le message de Kṛṣṇa et d'honorer Son *prasādam*. Ces deux pratiques peuvent être adoptées par tous, y compris les enfants. Fût-il pauvre ou riche, instruit ou sot, noir ou blanc, vieux ou encore enfant, quiconque écoute simplement ce qui a trait au Seigneur Suprême et mange du *prasādam* sera certes élevé au niveau transcendantal du service de dévotion.

Caitanya-caritāmṛta, Ādi 7.141, teneur et portée

Nourriture spirituelle

Une fleur que l'on prend pour la satisfaction de ses sens est matérielle. Cependant, la même fleur offerte par un dévot à Dieu, la Personne Suprême, devient spirituelle. La nourriture cuisinée pour soi reste matérielle, mais préparée pour le Seigneur Souverain, elle devient du *prasādam* spirituel. Tout est une question de réalisation.

Śrīmad-Bhāgavatam 8.12.8, teneur et portée

Le régime alimentaire idéal

Les seules fonctions de la nourriture sont d'accroître la longévité, de purifier le mental et de donner au corps santé et vigueur. De grandes autorités en la matière ont choisi, par le passé, les aliments qui servent le mieux ces fonctions, et qui sont, entre autres, les produits laitiers, le sucre, le riz, le blé, les fruits, les légumes.

Les graisses animales sont disponibles dans le lait, qui se trouve être le plus merveilleux de tous les aliments. Le lait, le beurre, le fromage et autres produits semblables donnent des graisses animales sous une forme qui exclut toute nécessité de tuer d'innocentes créatures. Quant aux protéines, on les trouve amplement dans les pois cassés, le dhal (légumineuse), le blé entier, etc.

La meilleure nourriture est celle que l'on offre d'abord à Dieu, au Seigneur Suprême. Celui-ci enseigne dans la *Bhagavad-gītā* que si on Lui offre avec dévotion des mets préparés à partir de légumes, de farine, de lait, Il les accepte. Bien entendu, l'amour et la dévotion accompagnant l'offrande sont, pour le Seigneur, les ingrédients les plus importants. C'est pourquoi si l'on désire rendre les aliments purs et succulents pour tous, on doit d'abord les offrir à Dieu, la Personne Souveraine.

Bhagavad-gītā 17.8-10, teneur et portée

La nourriture offerte à Kṛṣṇa est transcendantale

Kṛṣṇa dit dans la *Bhagavad-gītā* (9.26) : « Que l'on M'offre, avec amour et dévotion, une feuille, une fleur, un fruit, de l'eau, et cette offrande, Je l'accepterai. » Le Seigneur est *pūrṇa*, complet en Lui-même, ce qui Lui permet de manger tout ce que Lui offrent Ses dévots. À Son contact transcendantal cependant, même si cette nourriture demeure intacte, sa nature, elle, en est changée. Après l'offrande, la nourriture acquiert en effet un caractère transcendantal qu'elle ne possédait pas auparavant. Étant *pūrṇa*, le Seigneur demeure le même après avoir mangé. La nourriture offerte à Kṛṣṇa est non différente de Lui ; aussi, comme Kṛṣṇa est *avyāya*, immuable, la nourriture qu'Il honore demeure telle quelle. Par ailleurs, Kṛṣṇa peut manger avec n'importe lequel des organes de Son corps transcendantal, c'est-à-dire qu'Il peut simplement regarder ou toucher la nourriture. Il ne faut pas non plus croire que Kṛṣṇa soit obligé de manger. Il ne souffre pas de la faim comme un être humain ordinaire ; mais Il Se présente comme quelqu'un ayant besoin de nourriture, et de fait, Il peut en manger n'importe quelle quantité.

Caitanya-caritāmṛta, Madhya 4.77, *teneur et portée*

Sur la page de gauche: Puris (p. 92)

En haut: Alupatras (p. 114)

Au milieu: Chapatis (p. 91)

En bas: Samosas (p. 112)

En haut: Gratin d'aubergines (p. 115)

Au milieu: Chutney aux pommes (p. 120)

En bas: Pommes de terre « gauranga » (p. 110)

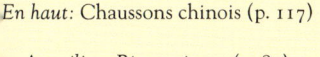

En haut: Chaussons chinois (p. 117)

Au milieu: Riz au citron (p. 85)

En bas: Poivrons farcis (p. 101)

En haut: Goulab jamoun (p. 125)

Au milieu: Halava (p. 126)

En bas: Laddus (p. 122)

Lassi aux fraises (p. 127)

Śrī Kṛṣṇa, Dieu la Personne Suprême

Kṛṣṇa nous dit dans la *Bhagavad-gītā* (9.26) : « Que l'on M'offre avec amour et dévotion une feuille, une fleur, un fruit ou un peu d'eau, et cette offrande Je l'accepterai. »

9

Recettes

Avant-propos

La satisfaction que l'on ressent en dégustant un repas végétarien spirituel est telle que l'on a immédiatement conscience d'avoir accès à un goût supérieur.

Nous avons opté dans cet ouvrage pour un choix de recettes simples et faciles à préparer. Il ne sera pas nécessaire de se procurer de nouveaux ustensiles, ni de sillonner la ville pour rassembler les ingrédients requis, ceux-ci étant aisément disponibles dans les nombreux marchés d'alimentation.

Le temps de préparation pour chaque recette n'a pas été indiqué, car il dépend de la dextérité de chacun. Ceux qui ont l'habitude de cuisiner pourront préparer plusieurs mets simultanément et réussir tout un festin végétarien en un temps record.

Un repas complet comprend d'ordinaire une soupe, un riz, un plat de légumes, un pain et un dessert facultatif. Cette combinaison de mets végétariens comble tous nos besoins en glucides, lipides et protéines. Notons que la plupart des recettes de ce recueil proviennent de la tradition culinaire de l'Inde qui satisfait aux besoins alimentaires de millions de végétariens depuis des millénaires.

Pour vous faciliter la tâche, les recettes ont été divisées en catégories : les préparations maison, les riz, les soupes, les pains, les légumes, les fritures, les sauces et les desserts. Vous pourrez, selon votre goût, combiner différentes préparations pour obtenir des repas sains, attrayants et équilibrés.

Note

Il y a des milliers d'années, alors que la société suivait les préceptes védiques, la façon dont les vaches et les veaux étaient traités était bien différente. Les vaches ne mangeaient que de l'herbe fraîche et produisaient ainsi un lait très riche en protéines. Respectées, voire aimées plutôt que tuées par millions, les vaches donnaient tant de lait, qu'il y en avait en abondance pour leurs veaux et pour les humains. Ceci explique les nombreuses recettes à base de produits laitiers.

Dans ses communautés rurales à travers le monde, le mouvement Hare Kṛṣṇa s'efforce de protéger les vaches et de leur éviter de mourir à l'abattoir. Les dévots de Kṛṣṇa espèrent accroître le nombre de ces fermes près de chaque grande ville du monde. Ainsi les vaches de ces communautés pourront-elles produire un lait pur, sans violence, appelé *ahiṁsā*, pour le bien-être de tous.

Les recettes présentées dans ce livre ne contiennent ni viande, ni poisson, ni œufs. Pour ceux qui sont végans, lorsque certaines recettes contiennent un produit laitier tel que le beurre clarifié (ou ghi), on peut facilement le remplacer par une huile végétale. Vous verrez alors ce petit logo indiquant que la recette a une option végan ⓥ.

Les épices

Non seulement les épices rehaussent-elles la saveur des aliments, mais elles favorisent la santé grâce à leurs propriétés médicinales. La liste suivante énumère les caractéristiques principales de celles qui sont le plus employées.

Assa-fœtida : Le hing pour les Chinois ou l'assa-fœtida pour les Indiens, est la résine d'une plante qui pousse particulièrement dans l'est de l'Inde. Cette résine est séchée puis moulue. Le hing facilite la digestion. On s'en sert souvent pour remplacer l'ail et l'oignon.

Cannelle : La cannelle est l'écorce d'un arbre commun de Shri Lanka. La plupart du temps, la cannelle que l'on trouve sur le marché est en fait l'écorce du cassia, qui n'est qu'un substitut. La cannelle purifie la bouche et la gorge.

Cardamome : La cardamome est une épice originaire du Népal. Elle se vend en cosses vertes ou blanches de la grosseur d'un pois. Les graines de cardamome sont à l'intérieur des cosses, et doivent être réduites en poudre. C'est un tonique pour le cœur. On l'utilise aussi contre la toux.

Cayenne : Le poivre de Cayenne est une poudre faite à partir de piments rouges. Un bon substitut est le piment vert, fort et frais. Le poivre de Cayenne facilite la digestion et la circulation du sang.

Clou de girofle : Le clou de girofle provient de la fleur séchée d'un arbre tropical. Utilisé entier, il doit être retiré de la préparation avant l'offrande. On l'emploie dans la fabrication de remèdes contre la toux et l'asthme; il purifie le sang et on l'utilise parfois comme analgésique local pour le mal de dent.

Coriandre: La coriandre, également connue sous le nom de persil chinois, ressemble au persil, mais son goût est différent et savoureux. La coriandre en poudre est obtenue à partir des graines; celles-ci ont un goût moins prononcé que la plante fraîche. La coriandre fraîche est une source de protéines et est un bon diurétique.

Cumin: Le cumin, comme la coriandre, appartient à la famille du persil. Il peut être utilisé en graines entières ou moulu. Moulu, il conserve sa fraîcheur pendant des mois. Le cumin est un stimulant qui purifie le sang et réduit les enflures. Le cumin est également un bon diurétique.

Curcuma: Le curcuma est une racine de la famille du gingembre. Moulu en fine poudre, il est d'un jaune orange brillant. Il est d'un goût assez âcre et on doit l'utiliser avec précaution. Le curcuma a la propriété de purifier le sang.

Garam massala: Le garam massala est un mélange d'épices utilisé dans plusieurs recettes. Voici sa composition: clous de girofle, cannelle, coriandre moulue, gingembre en poudre, muscade et cumin moulu.

Gingembre: La racine fraîche du gingembre est de beaucoup supérieure au gingembre en poudre. Pour l'utiliser, on doit l'éplucher et la couper finement. Le gingembre est le condiment le plus utilisé en Chine et en Inde. Il facilite la digestion et on le recommande pour l'asthme et la toux.

Graine de moutarde: On trouve deux sortes de graines de moutarde: les noires et les jaunes. Les graines de moutarde noires sont plus petites et plus piquantes que les graines de moutarde jaunes. Leur pleine saveur est obtenue en les grillant, à sec ou dans un peu d'huile.

Sel : Le sel de mer est naturel et contient plusieurs minéraux naturels. Nous déconseillons le sel raffiné.

Notez qu'il n'est pas nécessaire d'avoir toutes les épices indiquées dans une recette pour la réussir. S'il vous en manque une, vous pouvez la remplacer par une autre à votre goût.

Préparations maison

Ghi : beurre clarifié

La vache – protégée et bien traitée – donne le lait, cet aliment essentiel à l'homme. Le meilleur du lait est la crème à partir de laquelle on produit le beurre qui, raffiné, donne le ghi. Plus exactement, le ghi s'obtient en débarrassant le beurre de ses impuretés qui représentent environ 5% à 10% du volume. Ce beurre clarifié, ce ghi, est l'aliment de base par excellence ; il présente cet immense avantage de ne pas rancir et comme une huile, on peut l'utiliser à des températures élevées.

Pur, sain et économique, ce ghi est parfait pour les usages multiples de la cuisson végétarienne et son goût savoureux permet de rehausser celui des autres aliments. Il ne requiert aucune réfrigération et se conserve longtemps.

Usages du ghi

- Pour faire revenir les légumes, le riz, etc.
- Pour frire dans l'huile profonde (pommes de terre frites, beignets, etc.)
- Pour frire les aliments dans la poêle (crêpes, etc.)
- Dans les pains et les pâtisseries.
- Pour frire les épices assaisonnant les soupes, les légumes, le riz, etc.

Comment faire le ghi

1 à 5 kilos de beurre fin non salé

Il n'est pas difficile de faire du ghi. Néanmoins une longue cuisson à petit feu est nécessaire pour que l'eau contenue dans le beurre s'évapore et que les matières solides remontent à la surface. Le ghi est liquide, doré et parfaitement limpide. Il a une douce saveur de noix.

Dans une casserole à fond épais, faire fondre le beurre à feu très doux, sans couvrir et sans remuer. Venir de temps à autre retirer délicatement à l'aide d'une écumoire les matières solides qui s'agglutinent à la surface et s'assurer que la flamme est aussi basse que possible pour que le ghi ne brûle pas. Le moindre excès de flamme le fait rapidement fumer, virer au brun. La préparation est alors perdue. Le temps que vous mettrez pour préparer le ghi dépendra de la quantité de beurre que vous utiliserez.

Le ghi est prêt lorsqu'il a pris une couleur ambrée. Il doit être aussi limpide qu'une eau cristalline. Versez-le doucement dans un bocal qui restera ouvert à la température ambiante.

Selon son degré de pureté, le ghi se conserve sans réfrigération pendant un ou deux mois.

Après usage répété, il est possible de purifier le ghi en y faisant cuire une pomme de terre coupée en tranches fines (elle absorbera toutes les odeurs et les résidus d'épices) puis en passant le ghi à travers une étamine ou un coton fin.

Panir : fromage maison

Ce fromage léger et naturel est à la base de plusieurs recettes savoureuses. D'un goût lacté, on ne lui connaît aucun substitut. Contrairement au fromage ordinaire, ce fromage maison ne fond pas à la chaleur. On peut frire ce fromage naturel en tranches minces ou en cubes. On ajoute alors les cubes à d'autres préparations de légumes ou à des sauces pour en rehausser la saveur et la texture. On le sert ainsi très fréquemment en Inde, sous le nom de *panir*.

2 litres de lait
⅓ tasse de jus de citron
1 carré d'étamine d'environ 30 cm × 30 cm

Dans une casserole assez haute, faire bouillir deux litres de lait à feu moyen jusqu'à formation d'une écume; à ce moment, ajouter le jus de citron pour séparer le fromage caillé du petit-lait, puis retirer du feu.

Verser ensuite le tout à travers un égouttoir recouvert d'une étamine pour retenir le caillé. Conserver le restant du liquide pour l'ajouter à d'autres préparations au lieu de l'eau, ou pour vous en servir comme agent caillant pour la prochaine fois.

Rincer le *panir* pendant quelques secondes sous l'eau du robinet, tout en le gardant dans l'étamine. Si vous désirez du *panir* ferme, enveloppez-le dans l'étamine et placez-le sous un poids (une casserole remplie d'eau ou autre) pour extraire l'excès d'eau, pendant 20 à 30 minutes.

Si vous désirez du *panir* plus tendre, pressez-le simplement dans l'étamine.

Les lentilles mung

Souvent appelée mung dhal, la fève mung est de couleur verte, mais une fois décortiquée, elle prend la forme de petites lentilles jaune pâle. Ces lentilles sont facilement digérées et cuisent plus vite que la fève entière. Le mung dhal est riche en protéines et contient beaucoup de valeur nutritive, vitamines et minéraux qui sont toujours présents même après la cuisson. C'est la fève par excellence pour une diète végétarienne

Notez que la fève de soja est une autre fève et est souvent de couleur blanche. Il ne faut pas la confondre avec la fève mung. La fève mung est souvent appelée fève de soja, mais c'est une erreur. Il ne faut pas faire germer la fève de soja. Mais la vraie fève mung entière, de couleur verte, se prête très bien à la germination.

Le riz

Le riz, ce roi des céréales, est si riche en saveur et en valeur nutritive qu'il est considéré comme le cœur du repas. Il doit toujours être servi chaud et ne doit pas être réchauffé plus tard.

Idéalement pour la cuisson du riz, la casserole doit être bien recouverte, de façon hermétique. On peut, si nécessaire, déposer sur le couvercle une serviette humide et repliée pour y faire un poids, et empêcher ainsi le couvercle de remonter. Lorsque le riz est cuit, idéalement les grains se détachent facilement les uns des autres. Si par contre les grains collent les uns aux autres, c'est qu'il y avait trop d'eau lors de la cuisson.

Kitri : riz aux lentilles et aux légumes ⓥ

Ce mets est très répandu en Inde. Le *kitri* constitue un repas complet à lui seul. Il se prépare avec des lentilles mung.

> 1 tasse de lentilles mung décortiquées
> 7 tasses d'eau
> 1 tasse de chou-fleur coupé en petits morceaux
> 2 tasses de riz basmati
> Environ ¼ tasse de ghi ou huile végétale
> 1 c. à café de curcuma
> ½ c. à café de cumin en poudre
> ½ c. à café d'assa-fœtida
> 2 c. à café de gingembre râpé
> 1 c. à café de sel

Recouvrir les lentilles d'eau et les laisser tremper pendant une heure. On peut aussi les cuire directement si on a oublié de les faire tremper. La cuisson sera un peu plus longue, et dans ce cas, il ne faut pas rajouter le riz tout de suite.

Rincer soigneusement les lentilles.

Chauffer le ghi dans une grande casserole et y frire les épices et le gingembre. Ajouter les lentilles et le riz. Laisser revenir puis verser l'eau et le sel. Amener à ébullition, et tout de suite baisser le feu. Attention que cela ne déborde pas de la casserole. Lors de la cuisson du mung dhal, il faut surveiller.

Ajouter le chou-fleur dès l'ébullition. Cuire à feu moyen pendant 30 minutes, sans couvrir. Remuer de temps à autre. Si la préparation devient trop épaisse, rajouter de l'eau chaude. Prolonger la cuisson à feu doux jusqu'à ce que tout soit tendre.

Riz au citron ⓋⒺ

Le citron stimule l'appétit et facilite la digestion.

> 2 tasses de riz basmati
> 2 c. à soupe de ghi ou huile végétale
> ½ c. à café de coriandre
> 1 c. à café de curcuma
> ½ c. à café de graines de cumin
> ½ c. à café de sel
> 3 tasses d'eau
> 2 feuilles de laurier
> 1 bâton de cannelle (ou ½ c. à café de cannelle en poudre)
> 2 citrons

Faire frire le riz et toutes les épices dans le ghi. Saler et ajouter l'eau, le laurier et la cannelle. Bien couvrir et cuire à feu très doux. Lorsque le riz est cuit à point, après environ 20 minutes, verser le jus des citrons et mélanger doucement. Recouvrir jusqu'au moment de servir.

Riz aux épinards ⓋⒺ

1 c. à soupe de ghi ou huile végétale
¼ c. à café de piment rouge en poudre
½ c. à café de poivre
2 tasses de riz long
3 tasses d'eau
½ c. à café de sel
2 feuilles de laurier
2 tasses d'épinards frais
1 c. à café de coriandre en poudre
1 tasse de cacahuètes grillées

Faire chauffer le ghi à feu moyen dans une casserole. Ajouter le piment rouge et quand il commence à brunir, ajouter le poivre et le riz. Faire revenir le tout puis ajouter l'eau et le sel. Porter à vive ébullition. Ajouter le laurier, couvrir et laisser mijoter 10 minutes.

Entre-temps, laver et couper les épinards. Les incorporer à la préparation avec la coriandre. Ne pas remuer. Couvrir et garder au chaud 5 minutes (le riz ne doit pas coller). Retirer le couvercle, puis mélanger délicatement. Ajouter les cacahuètes et remuer légèrement.

Riz au citron et noix de cajou ⓋⒺ

Voici un riz riche aux saveurs exotiques. Un mets opulent pour un menu de grande fête.

1 tasse de riz basmati
2 tasses d'eau
1 c. à café de sel
2 c. à soupe d'huile végétale ou de ghi
½ tasse de noix de cajou concassées

½ c. à soupe de lentilles urad blanches
   ou lentilles mung cassées
1 c. à café de graines de moutarde noires
⅓ c. à café de curcuma
⅓ tasse de jus de citron frais
2 c. à soupe de persil ou de coriandre fraîche
¼ tasse de noix de coco râpée pour garnir

Faire bouillir l'eau et le sel dans une casserole. Ajouter le riz et ½ c. à soupe d'huile ou de ghi. Couvrir et cuire à feu doux pendant 20 minutes. Éteindre le feu et laisser reposer avec le couvercle.

Faire chauffer le reste de l'huile ou ghi (1 ½ c. à soupe) et faire frire les noix pendant 5 minutes. Les égoutter puis les étaler sur le riz et remettre le couvercle.

Frire les lentilles dans la même huile, puis ajouter les graines de moutarde et le curcuma et frire pendant 2 minutes. Mélanger avec le riz en y ajoutant le jus de citron et la coriandre.

Servir chaud en garnissant avec de la noix de coco râpée.

Crêpes « dosa »

Le mets le plus populaire du sud de l'Inde. Se sert avec une garniture de noix de coco et de yaourt.

1 tasse de riz basmati
½ tasse de lentilles mung jaunes ou urad blanches cassées
   (les autres lentilles ou pois ne conviennent pas)
½ tasse de yaourt
de l'eau
2 c. à café de sel
½ c. à café de poivre de Cayenne

Recouvrir d'eau le riz et les lentilles et laisser tremper pendant la nuit (6 à 8 heures). Réduire en purée (avec un mixeur ou autre) et ajouter le yaourt juste assez pour rendre la purée semi-liquide (comme pour une pâte à crêpes). Ajouter le sel et le poivre de Cayenne. Bien mélanger, couvrir et laisser reposer 12 heures à température ambiante. Le mélange doit gonfler.

Cuire les crêpes dans une poêle légèrement enduite de beurre ou de ghi jusqu'à l'apparition de petites bulles. Retourner de l'autre côté pour les brunir légèrement. Garder au chaud jusqu'au repas.

Garniture à la noix de coco

1 c. à soupe de ghi ou huile végétale
1 c. à café de graines de moutarde noires
½ c. à café de poivre de Cayenne
½ c. à café de coriandre
2 tasses de noix de coco râpée
½ c. à café de sel
1 tasse de yaourt

Frire toutes les épices dans le ghi (sauf le sel). Bien les brunir puis ajouter la noix de coco râpée et cuire légèrement à petit feu pendant 5 minutes. Pour terminer, ajouter le yaourt et le sel. Bien mélanger. Servir tiède avec les crêpes *dosa* chaudes.

Les soupes

La soupe aux légumes et aux lentilles mung

D'un goût piquant qui stimule l'appétit, cette soupe se mange seule ou versée sur du riz basmati chaud.

> 6 tasses d'eau
> ½ tasse de lentilles mung cassées
> ½ c. à café de curcuma
> 2 c. à café de sel
> 4 c. à soupe de ghi ou huile végétale
> 1 c. à café d'assa-fœtida
> ½ c. à café de coriandre
> ½ c. à café de cumin
> 1 c. à café d'extrait de tamarin
> ¼ tasse de noix de coco râpée
> 3 tasses de légumes divers coupés en petits morceaux
> 1 grosse tomate coupée en petits morceaux
> 1 c. à café de graines de moutarde
> 3 grains de poivre noir (ou en poudre)
> piment rouge séché, ou chili (facultatif)

Préparer 3 tasses de légumes divers coupés en petits morceaux.

Bien laver les lentilles en les rinçant à l'eau chaude et laisser tremper 15 minutes. Changer ensuite l'eau et dans un grand récipient, amener les lentilles à ébullition. Cuire à feu moyen. Lorsqu'elles sont tendres (après environ vingt minutes, selon le type de lentille), ajouter le curcuma et le sel.

Dans un autre récipient, chauffer 2 c. à soupe de ghi. Ajouter les épices (sauf les graines de moutarde), la noix de coco, les légumes et les morceaux de tomates, et cuire à feu moyen pendant 5 minutes. Ajouter le tout à la soupe et laisser chauffer à feu doux.

Dans une poêle à frire, chauffer 2 c. à soupe de ghi avec les graines de moutarde, jusqu'à ce qu'elles éclatent. Réduire la flamme, ajouter le poivre noir et le chili. Ajouter à la soupe et cuire pendant deux minutes. Tous les légumes doivent être bien tendres, sinon cuire un peu plus. Attention, en rajoutant les graines de moutarde frites à la soupe, il se peut que cela éclabousse.

Soupe de cerfeuil et de pommes de terre à la crème

Un mélange heureux de saveurs naturelles.

> 6 pommes de terre
> 2 tasses de lait
> 2 tasses d'eau
> crème fraîche (facultatif)
> 1 bouquet de cerfeuil
> croûtons frits dans le beurre (facultatif)

Nettoyer le cerfeuil. Éplucher les pommes de terre et les couper en cubes. Faire chauffer le lait et l'eau. Y ajouter les pommes de terre et laisser bouillir ½ heure. Saler et poivrer. Rajouter le cerfeuil émincé 10 minutes avant la fin de la cuisson.

Si vous le désirez, vous pouvez incorporer un peu de crème fraîche et garnir de croûtons au moment de servir.

Note : On peut remplacer le cerfeuil par des feuilles de coriandre fraîches.

Les pains

Chapatis : le pain par excellence en Inde (VE)

Ce pain sans levure en forme de galette se digère très facilement et peut être servi à n'importe quel repas. Il accompagne parfaitement tous les plats de légumes ou de riz.

> *2 tasses de farine de blé entier ou farine*
> *spéciale pour chapati*
> *environ ¾ tasse d'eau tiède*
> *1 pincée de sel*
> *un peu de ghi au goût*

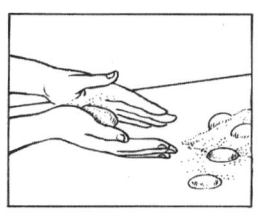
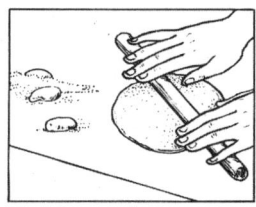
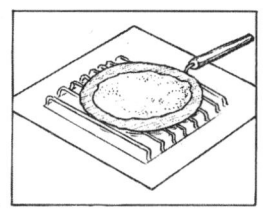

Mélanger la farine et le sel, puis ajouter l'eau graduellement. Pétrir pendant quelques minutes. La pâte ne doit être ni trop molle ni trop ferme.

Recouvrir et laisser reposer quelques minutes (on peut aussi laisser reposer la pâte plus longtemps si elle est bien recouverte d'un linge humide). Diviser ensuite la pâte en boules d'environ 4 cm de diamètre. Aplatir chaque boule en rondelle, l'enrober d'un peu de farine et la rouler en une galette d'environ 15 cm de diamètre.

Chauffer à feu moyen une poêle en fonte qui ne colle pas. Déposer chaque galette sur la poêle. Après 1 ou 2 minutes, il devrait y avoir des petites bulles sur la galette, et des petites taches dorées en dessous. Retourner et cuire l'autre côté une minute.

À l'aide d'une pince, on place ensuite la galette au-dessus d'une flamme vive quelques secondes seulement, le temps qu'elle gonfle; la retourner et la laisser cuire quelques secondes avant de la retirer.

Si vous avez une cuisinière à gaz, mettez la galette directement sur la flamme tout en la tenant avec la pince. Avec une cuisinière électrique, on peut disposer une petite grille sur l'élément chauffé au rouge, puis on met la galette directement au-dessus du feu sur la petite grille pour la faire gonfler.

Lorsqu'ils sont encore chauds, appliquer un peu de ghi ou du beurre sur chaque *chapati* à l'aide d'un pinceau.

Puris : pains en forme de galette frits dans le ghi

½ tasse de farine de blé entier
½ tasse de farine blanche
1 ½ c. à café de beurre

environ ½ tasse d'eau tiède
ghi pour grande friture

Mélanger les farines de façon homogène et bien incorporer le beurre dans le mélange. Ajouter l'eau doucement et faire une pâte ni trop humide ni trop sèche. Bien la pétrir pendant 5 minutes, couvrir et laisser reposer 15 minutes ou plus. Former des petites boulettes d'environ 4 cm de diamètre et les rouler en galettes minces. Si la pâte colle, on peut mettre un peu de ghi sur la surface de travail (pas de farine).

Faire chauffer le ghi dans la friteuse et y déposer les galettes (une ou deux à la fois). À l'aide d'une écumoire, on arrose la galette avec du ghi chaud. À ce moment, elle gonfle comme un ballon et devient dorée.

Si le *puri* ne gonfle pas tout de suite, c'est que le ghi n'est pas assez chaud. On retourne ensuite le *puri* de l'autre côté pour compléter la cuisson pendant 10 secondes. Retirer et déposer sur un papier absorbant ou dans un égouttoir.

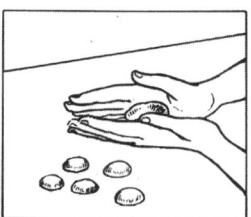
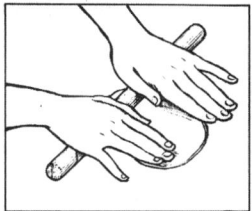

Les légumes

Crêpes aux légumes ⓥⒺ

1 tasse de farine de pois chiches
⅓ tasse d'eau
1 c. à soupe de graines de cumin (ou en poudre)
2 c. à café de poudre de curry
1 c. à soupe de gingembre frais râpé
2 tasses de chou-fleur râpé et lavé
2 tasses de tomates coupées en petits cubes
2 c. à café de sel
ghi ou huile végétale

Mélanger la farine et l'eau. Frire les épices dans un peu de ghi pendant 1 minute et les ajouter au mélange de farine. Ajouter les légumes à la farine épicée et bien mélanger.

Mettre un peu de ghi dans une poêle à feu moyen et étendre le mélange en petites crêpes dans la poêle. Frire pendant 5 minutes, jusqu'à ce que des bulles d'air et des trous apparaissent sur le dessus et que le dessous brunisse. Retourner doucement et frire encore pendant 4 minutes jusqu'à ce que le deuxième côté brunisse aussi.

Servir avec du yaourt ou une crème végan à votre goût.

On peut incorporer différents légumes comme des petits pois, des piments, des courgettes, etc.

Brocoli avec sauce curry

> 1 piment doux
> 1 brocoli
> 2 c. à soupe de ghi ou huile végétale
> ¼ c. à café de graines de moutarde
> ½ c. à café de cumin en poudre
> ¼ c. à café de curcuma
> 1 c. à café de curry en poudre
> ¼ c. à café de coriandre en poudre
> ⅛ c. à café de poivre de Cayenne
> ¼ tasse de farine de pois chiches
> ½ tasse d'eau
> ½ tasse de yaourt nature

Hacher le piment et le mettre à part. Laver et couper le brocoli en petits morceaux et le mettre à part.

Chauffer le ghi dans une grande poêle à frire. Ajouter les graines de moutarde et attendre qu'elles éclatent. Baisser le feu, ajouter toutes les autres épices et la farine (pas le yaourt). Faire brunir la farine une minute ou deux à feu doux. Ajouter le piment haché, le yaourt et ½ tasse d'eau.

Laisser mijoter 3 à 5 minutes. Ajouter le brocoli et laisser mijoter à feu moyen jusqu'à ce qu'il soit tendre. Tourner de temps en temps et délayer avec de l'eau si la sauce s'épaissit trop et colle au fond. Saler.

Aubergines, tomates et pois chiches ⓥ

Un mets satisfaisant et populaire. Idéal avec du riz.

> ½ tasse de pois chiches
> 2 tasses de tomates coupées en cubes
> 4 aubergines moyennes

> ½ tasse de ghi ou huile végétale
> 1 pincée d'assa-fœtida
> 1 c. à café de curcuma
> ½ c. à café de piment fort séché (facultatif)
> citron

Tremper les pois chiches pendant la nuit. Bouillir ensuite jusqu'à ce qu'ils soient tendres, égoutter et mettre de côté.

Couper les tomates en cubes et cuire jusqu'à ce qu'elles soient presque liquides.

Pendant cette cuisson, couper les aubergines en petits cubes. Chauffer le ghi et y ajouter l'assa-fœtida et le curcuma. Ajouter les aubergines et les faire frire à feu moyen de 10 à 15 minutes en tournant de temps en temps avec une cuillère en bois.

Lorsque les aubergines sont bien ramollies, rajouter les tomates et les pois chiches. Couvrir et cuire à feu doux, jusqu'à ce que le tout épaississe. Saler et servir avec un peu de citron.

Biriani : riz aux légumes ⓥ

> 1 tasse de divers légumes en petits morceaux, tels que petits pois, aubergines, choux-fleurs, carottes et poivrons
> 2 c. à café de ghi ou huile végétale
> ½ c. à café de clous de girofle en poudre
> ½ c. à café de cardamome
> ¼ c. à café de cannelle
> ¼ c. à café de poivre noir
> 1 tasse de tomates en cubes ou en purée
> 2 tasses de riz basmati ou blanc
> 2 c. à café de sel
> 3 ½ tasses d'eau

Chauffer le ghi et ajouter le clou de girofle, la cardamome, la cannelle et le poivre noir. Puis incorporer les tomates pour en faire une sauce. Ajouter le riz et faire revenir pendant deux minutes.

Ajouter ensuite les légumes et le sel. Bien mélanger de sorte que tous les éléments de la préparation soient recouverts de sauce tomate.

Ajouter l'eau et laisser mijoter 20 minutes.

Cubes de fromage aux petits pois et tomates

Ce mets délicieux fera la satisfaction de tous ceux qui recherchent une alternative aux plats de viande.

> *2 litres de lait (pour faire le fromage)*
> *1 tasse de petit-lait*
> *⅓ tasse de ghi ou huile végétale*
> *3 ou 4 tomates moyennes, coupées en petits cubes*
> *2 tasses de petits pois*
> *1 c. à soupe de sucre*
> *1 c. à café de sel*

Avec 2 litres de lait, faire du fromage (voir panir).

Couper le fromage en petits cubes. Faire chauffer ⅓ de tasse de ghi ou d'huile végétale et y frire les petits cubes de fromage jusqu'à ce qu'ils soient dorés. Égoutter et mettre dans un bol.

Dans le même ghi, frire les épices suivantes jusqu'à ce que les graines de moutarde éclatent.

> *1 ½ c. à soupe de gingembre frais râpé*
> *1 ¼ c. à café de graines de cumin*
> *½ c. à soupe de graines de moutarde noires*

> 1 c. à soupe de coriandre en poudre
> 1 c. à café de curcuma
> ¼ c. à café de fenouil
> 1 c. à café de poivre de Cayenne

Ajouter les tomates et bien mélanger. Couvrir et cuire pendant 10 minutes. Ajouter ensuite une tasse de petit-lait et deux tasses de petits pois. Cuire sans couvercle pendant 5 minutes. Ajouter le fromage en cubes, le sucre et le sel. Bien mélanger et laisser mijoter 10 minutes.

Servir chaud, avec du riz si possible.

Épinards au fromage

> 1 kilo d'épinards
> 1 c. à soupe de ghi ou huile végétale
> 2 c. à café de coriandre en poudre
> ½ c. à café de curcuma
> ¼ c. à café d'assa-fœtida
> 1 tasse de crème fraîche
> 1 ½ tasse de fromage en cubes (voir panir)
> ½ c. à café de sucre
> 1 c. à café de sel

Laver les feuilles d'épinards, les égoutter et les hacher.

Dans une casserole, chauffer le ghi et y frire les épices en poudre 5 à 10 secondes, sans les brûler. Ajouter les épinards, couvrir et cuire à feu moyen pendant 10 minutes. Ensuite, ajouter la crème, les cubes de fromage, le sucre et le sel. Faire cuire encore pendant 5 minutes à feu doux.

Servir avec du riz ou des *chapatis*.

Végéburger ⓥⒺ

Pour 20 végéburgers

> 3 tasses de pois cassés en purée (tremper les pois 5 à 6 heures avant de les réduire en purée)
> 1 ½ tasse de riz cuit en purée
> ¾ tasse de carottes râpées finement
> ¾ tasse de céleri râpé
> ½ tasse de farine de soja
> ½ tasse de farine de blé
> ¾ tasse de graines de sésame
> ghi pour friture ou huile végétale
> poivre noir
> fenugrec en poudre
> sel
> assa-fœtida (une pincée)

Bien mélanger tous les ingrédients jusqu'à l'obtenion d'une consistance homogène. Façonner des rondelles de 10 cm de diamètre et d'une épaisseur d'environ 1 cm. Cuire à feu moyen, dans une poêle bien huilée, 5 minutes de chaque côté. Facultatif : faire frire ensuite dans du ghi pendant 3 minutes à feu moyen.

Servir avec sauce aux tomates, laitue et fromage au goût, sur un *chapati*, *puri* ou petit pain.

Pâté végétal

Servi sur des tranches de pain grillées, le pâté végétal est aussi idéal pour les sandwiches.

> 1 tasse de graines de tournesol
> ½ tasse de farine de blé entier
> ½ tasse de levure de bière ou levure diététique

> 2 c. à soupe de jus de citron
> ½ pomme de terre râpée
> 1 carotte moyenne râpée
> ½ tasse de beurre
> 1 ½ tasse d'eau chaude
> 2 c. à soupe de sauce soja
> 1 c. à soupe de sel
> un peu de thym, basilic, sauge, assa-fœtida

Bien mélanger tous les ingrédients (avec un mixeur si possible). Verser dans un moule à tarte.

Cuire à 175°C pendant 45 minutes.

Laisser refroidir et conserver au réfrigérateur.

Le tofu

Le tofu est un dérivé du lait de soja. Ce caillé ou fromage de soja est très répandu et très populaire dans la cuisson chinoise et japonaise. C'est un aliment riche en protéines et minéraux, pauvre en calories et qui contient à la fois les 8 acides aminés essentiels. Il est doux et se digère facilement ; c'est un complément idéal pour tout régime végétarien car on peut l'utiliser dans de très nombreuses préparations. Le tamari (ou sauce soja) est son complément le plus utilisé.

Légumes chinois au tofu ⓥ

> 3 c. à soupe de ghi ou huile végétale
> 1 c. à soupe d'un mélange d'épices chinois (anis, cannelle, assa-fœtida, gingembre et clous de girofle)
> 4 tasses de céleri haché
> 3 tasses de carottes coupées en rondelles

> 2 tasses de brocoli haché
> 2 tasses de fèves germées
> 2 tasses de petits pois
> 2 c. à soupe d'huile ou de ghi
> 2 tasses de petits morceaux de tofu frits
> 2 c. à soupe de sucre (ou 1 c. à soupe de mélasse)
> 2 c. à café de sel

Chauffer le ghi dans un wok ou une sauteuse et faire revenir les épices. Ajouter le céleri, les carottes et le brocoli. Les faire sauter dans l'huile en remuant de temps à autre. Couvrir et laisser cuire pendant 15 minutes. Ajouter les fèves germées et les petits pois. Cuire pendant 5 minutes. Ajouter les morceaux de tofu déjà frits, le sel et le sucre. Recouvrir et laisser mijoter à feu doux pendant 5 minutes. Servir avec du riz et une garniture d'ananas.

Note : On peut aussi cuisiner les mêmes légumes sans le tofu, en le remplaçant par des amandes grillées et imprégnées de tamari (sauce soja), ou par du *panir* grillé en cubes.

Poivrons farcis au tofu Ⓥ

> 2 c. à soupe d'huile ou de ghi
> 1 c. à café d'assa-fœtida
> ½ tasse de riz brun cuit
> 350 g de tofu
> 2 c. à soupe de concentré de tomates
> 2 c. à café de sel
> 4 gros poivrons évidés

Préchauffer le four à 175°C. Faire chauffer l'huile dans une poêle. Faire cuire l'assa-fœtida 5 secondes et ajouter le riz et le tofu en les écrasant ensemble. Ajouter le concentré de tomates et laisser cuire 2 à 3 minutes en remuant constamment. Saler.

Remplir les poivrons de cette farce, disposer dans un plat allant au four, huiler l'extérieur des poivrons et mettre au four 20 minutes.

Variation : On peut faire la farce avec plus d'huile, plus de concentré de tomates ou en remplaçant le riz et le sel par du sarrasin et de la sauce soja.

Tofu aux amandes (VE)

Le tofu

1 kilo de tofu coupé en petits cubes

Mélanger en sauce les ingrédients suivants :

¼ tasse de sauce soja (ou tamari)
2 c. à soupe de beurre d'arachide
1 c. à café d'assa-fœtida
Un peu d'eau pour éclaircir la sauce suivant le goût

Laisser mariner le tofu dans cette sauce pendant 2 heures.

Friture

½ tasse d'amandes
2 c. à soupe d'huile de tournesol ou de soja

Faire frire les amandes dans l'huile. Les retirer, puis faire de même avec les cubes de tofu jusqu'à ce qu'ils brunissent légèrement. (Ajouter de l'huile au besoin)

Les légumes

1 gros poivron doux coupé en morceaux de 2 cm carrés
4 branches de céleri en lanières de 2 cm
1 boîte de 250 g de châtaignes (facultatif)

> 1 c. à soupe de gingembre frais râpé
>   (ou ½ c. à café de gingembre en poudre)
> 2 c. à soupe d'huile de tournesol ou de soja

Faire frire dans l'huile les poivrons, le céleri, les châtaignes et le gingembre.

Sauce

> 2 tasses d'eau tiède
> ¼ tasse de sauce soja (tamari)
> 2 c. à soupe de fécule de maïs ou 4 c. à soupe de
>   farine de riz

Mélanger ensemble. Ajouter la sauce aux légumes et cuire à feu moyen pendant 10 minutes pour laisser épaissir la sauce. Ajouter ensuite les amandes et le tofu grillé.

Servir sur du riz brun au tamari.

Tofu frit ⓥ

> 700 g de tofu
> 2 tasses de piments ou de choux hachés finement
> huile
> sel
> ½ tasse de sauce soja (tamari)

Couper le tofu en petits rectangles de 1 ou 2 cm d'épaisseur. Les faire frire dans une poêle huilée très chaude.

Vers la fin de la cuisson, ajouter la sauce soja et les légumes. Couvrir et laisser cuire à feu moyen pendant 5-6 minutes.

Servir avec du riz.

Mayonnaise au tofu ⓥ

250 g de tofu
½ c. à café de jus de citron
1 c. à café d'huile de tournesol
1 c. à café de sel

Bien mélanger (avec un mixeur si possible). Garder au réfrigérateur. On peut aussi ajouter du paprika ou du fenouil en poudre.

Pois chiches au yaourt

3 ½ tasses de pois chiches
2 tasses de yaourt
½ c. à café de cumin en poudre
½ c. à café de sel

Laver les pois chiches et les laisser tremper toute la nuit dans 7 tasses d'eau. Jeter l'eau et bien rincer les pois chiches.

Remplir une casserole d'eau fraîche et faire bouillir les pois chiches jusqu'à ce qu'ils soient bien tendres. Enlever l'écume qui se forme durant la cuisson.

Égoutter, rincer et ajouter le cumin en poudre, le sel et le yaourt.

Rouleaux de printemps (chinois) ⓥ

6 crêpes de riz (les feuilles de riz se trouvent en paquets
dans les magasins chinois ou vietnamiens)
1 tasse de fèves mung germées (les pousses de soja vendues
en magasin sont en fait des fèves mung germées)

½ tasse de vermicelles de soja (nouilles)

6 feuilles de laitue
1 ou 2 carottes râpées finement
12 cacahuètes
1 petit bouquet de coriandre fraîche

Mettre les crêpes de riz sèches entre deux tissus humides jusqu'à ce qu'elles soient assez souples pour se décoller et être roulées sans se casser.

Pendant ce temps, faire cuire les vermicelles de soja dans l'eau salée. Laver et égoutter les germes de soja. Laver et essuyer délicatement les feuilles de laitue. Peler et râper finement les carottes. Piler les cacahuètes.

Étaler sur chaque crêpe de riz : une feuille de laitue sur laquelle on dispose un peu de vermicelle, quelques pousses de soja et une cuillerée de carottes râpées. Saupoudrer le tout de cacahuètes pilées et d'un peu de coriandre hachée.

Replier la crêpe sur elle-même en la roulant. Replier les deux extrémités vers l'intérieur pour les fermer. Piquer dans l'un des bouts une petite branche de coriandre.

Déguster les rouleaux de printemps en trempant chaque bouchée dans de la sauce piquante ou sauce soja.

Tomates farcies

Un mets plein de saveur jardinière.

Couper une tranche de 1 cm d'épaisseur en haut de chaque tomate. Vider chaque tomate et garder le contenu pour ajouter à une soupe ou des légumes.

Préparer la farce de votre choix.

Farce n° 1 : Aux pommes de terre

Pour 6 tomates

Faire bouillir 4 pommes de terre et les mettre en purée. Couper en petits cubes deux branches de céleri et un poivron vert. Les faire sauter dans le beurre et ajouter les épices suivantes :

1 c. à café de persil
½ c. à café de sarriette
½ c. à café de coriandre en poudre ou fraîche
½ c. à café de poivre noir moulu

Cuire les épices avec le céleri et le poivron pendant 2 minutes à feu moyen. Ajouter la purée de pommes de terre et cuire encore pendant 5 minutes à feu moyen en mélangeant bien.

Remplir les tomates avec la farce et recouvrir de fromage parmesan râpé. Saupoudrer du paprika et de l'origan sur le fromage. Mettre au four pendant 20 minutes à 150°C.

Farce n° 2 : Aux épinards

Pour 6 tomates

Bien laver 4 tasses d'épinards (ce qui deviendra 2 tasses d'épinards cuits). Cuire les épinards dans ½ tasse d'eau sous un couvercle pendant 5 minutes. Avec 2 c. à soupe de ghi faire frire les mêmes épices que pour la farce aux pommes de terre.

Farcir et recouvrir les tomates de la même façon.

Cuire 20 minutes à 150°C.

Pois chiches frits au poivron ⓥ

Un mets riche en protéines, pour accompagner les légumes ou le riz.

2 tasses de pois chiches
3 tasses d'eau
2 c. à soupe de ghi ou huile végétale
1 c. à soupe de graines de cumin
1 c. à café de curcuma
poivre
sel
1 c. à café de gingembre râpé
1 petit piment rouge haché finement (ou ½ c. à café de poivre de Cayenne)
1 poivron vert doux haché finement
2 tomates mûres coupées en petits morceaux
1 c. à soupe de jus de citron
une pincée d'assa-fœtida

Faire tremper les pois chiches pendant 12 heures (toute une nuit). Jeter l'eau et bien rincer les pois chiches. Remplir une casserole d'eau fraîche et faire bouillir les pois chiches environ 45 minutes, jusqu'à ce qu'ils soient bien tendres. Enlever l'écume qui se forme durant la cuisson.

Égoutter et rincer les pois chiches.

Dans une autre casserole, chauffer le ghi et faire frire les graines de cumin, le curcuma et le poivre pendant une minute. Ajouter le gingembre râpé et les piments rouges. Laisser cuire pendant une minute et ajouter le poivron vert. Couvrir et cuire à feu moyen pendant 5 minutes. On peut alors ajouter les tomates et le sel et cuire 10 minutes pour obtenir une sauce agréable.

Ajouter ensuite les pois chiches et faire cuire le tout pendant 5 minutes en remuant fréquemment.

Ajouter le citron et l'assa-fœtida. Servir chaud.

Chou-fleur et pommes de terre à la crème fraîche

Mariage parfait de deux légumes populaires. Un goût nouveau.

> 2 grosses pommes de terre
> 1 chou-fleur moyen
> 3 tasses de ghi ou huile végétale
> 1 c. à café de sel
> ¼ c. à café de poivre noir
> ½ c. à café de curcuma
> 1 tasse de crème fraîche épaisse (ou yaourt)
> 1 c. à soupe de feuilles de coriandre hachées finement
>   (ou persil)

Éplucher et couper les pommes de terre en morceaux moyens et laisser tremper dans de l'eau pendant trente minutes.

Laver et couper le chou-fleur en morceaux moyens. Les frire dans le ghi à feu moyen pendant 7 ou 8 minutes, jusqu'à ce que le chou-fleur soit tendre et doré. Bien égoutter et garder au chaud dans le four à 120°C.

Faire frire les pommes de terre de la même façon, mais 10 à 12 minutes. Lorsque les légumes sont ainsi frits, les mettre dans un grand bol et y ajouter le sel, le poivre et le curcuma.

Ajouter ensuite la crème fraîche et garnir avec la coriandre. Servir chaud.

Upma : légumes à la semoule de blé

À lui seul, ce repas se prête à beaucoup de variétés, selon les légumes que vous choisissez.

3 tasses de haricots verts, petits pois, pommes de terre et poivrons verts coupés en petits morceaux (*ou tout autre légume de votre choix*)
4 c. à soupe de ghi ou huile végétale (*pour la friture*)
1 c. à café de graines de moutarde
2 c. à café de graines de cumin
1 pincée d'assa-fœtida
¼ c. à café de poivre de Cayenne
2 c. à café de gingembre haché fin
1 c. à soupe de feuilles de neem (*disponibles dans les boutiques indiennes*) *ou feuilles de coriandre*
5 tasses d'eau
sel
3 ½ tasses de semoule de blé
1 tasse de beurre
le jus de 1 citron
poivre
2 c. à soupe de beurre

Chauffer 4 c. à soupe de ghi dans une casserole. Ajouter les graines de moutarde et de cumin et les cuire jusqu'à ce qu'elles commencent à éclater, puis ajouter l'assa-fœtida, le poivre de Cayenne, le gingembre et les feuilles de neem.

Ajouter les légumes et faire frire le tout pendant environ 2 minutes en remuant. Baisser le feu. Ajouter un peu d'eau pour empêcher que cela adhère aux parois. Couvrir et laisser cuire doucement jusqu'à ce que les légumes soient tendres.

Pendant ce temps, faire bouillir les 5 tasses d'eau et le sel.

Dans une autre grande casserole, faire fondre 1 tasse de beurre et ajouter la semoule de blé. Faire frire à feu doux, jusqu'à ce que la semoule de blé commence à brunir (10 à 15 minutes).

Quand la semoule est prête et que l'eau bout, ajouter d'abord les légumes à la semoule, puis l'eau bouillante. Attention aux éclaboussures. Baisser le feu, tourner un peu puis laisser cuire à feu très doux jusqu'à ce que l'eau soit absorbée (5-6 minutes).

Ajouter le poivre, le jus de citron et 2 c. à soupe de beurre.

Pommes de terre « gauranga »

Un mets succulent fait à partir de ce légume si nourrissant.

> *6 tasses de pommes de terre lavées et coupées en rondelles de 1 cm d'épaisseur*
> *12 tasses d'eau*
> *1 c. à soupe de sel*
> *1 c. à soupe de curcuma*
> *1 c. à soupe de ghi*
> *1 c. à soupe de fenugrec en poudre*
> *1 c. à café d'assa-fœtida*
> *2 tasses de crème fraîche*
> *1 c. à café de paprika*
> *feuilles de coriandre ou persil pour garnir*

Faire bouillir les pommes de terre dans l'eau avec le sel et le curcuma jusqu'à ce qu'elles soient cuites (mais sans se désagréger). Égoutter et étaler dans un plat allant au four.

Faire frire le fenugrec et l'assa-fœtida dans le ghi ; y ajouter la crème fraîche et laisser cuire pendant une minute. Étendre ce mélange sur les pommes de terre. Mettre au four à 175°C pendant 1 heure.

Pour servir, saupoudrer de paprika et garnir de coriandre (ou persil).

Les fritures

Les pakoras : beignets de légumes ⓋⒺ

Délice favori de l'Inde, les *pakoras* aux variétés nombreuses et savoureuses s'accompagnent généralement d'un chutney. (voir les sauces)

La pâte

>   1 ½ tasse de farine de pois chiches
>   (ou farine de soja)
>   1 c. à café de coriandre en poudre
>   1 c. à café de cumin en poudre
>   ½ c. à café de curcuma
>   ½ c. à café de poivre de Cayenne
>   1 c. à café de sel de mer
>   ½ à ¾ tasse d'eau ou de petit-lait
>   ghi pour grande friture ou huile végétale

Le légume

Choisir un légume comme du brocoli ou du chou-fleur, coupé en fleurettes.

Combiner tous les ingrédients secs. Ajouter ½ à ¾ de tasse d'eau ou de petit-lait et bien mélanger. La consistance de la pâte doit être celle d'une épaisse pâte à crêpes de telle sorte qu'en y baignant les morceaux de légumes, ils soient enrobés complètement sans que la pâte ne coule.

Dans une poêle profonde ou un wok, faire chauffer du ghi ou de l'huile et y frire les morceaux de légumes bien enrobés de pâte pendant 10-15 minutes jusqu'à ce qu'ils soient bien dorés (mais pas foncés).

Pour d'autres variétés, utiliser des poivrons, des aubergines, des courgettes, etc.

Garnir avec du chutney.

Samosas : chaussons aux légumes ⓥ

Ces pâtisseries aux légumes se dégustent avec un chutney piquant. (voir les sauces)

La pâte

> ½ tasse de blé entier
> ½ tasse de farine blanche
> 2 c. à café de ghi, beurre mou ou huile
> 3 ou 4 c. à café d'eau tiède
> pincée de sel

Mélanger les ingrédients secs avec le ghi, puis ajouter l'eau graduellement. Pétrir du bout des doigts jusqu'à ce que la pâte soit lisse.

La farce

> ½ chou-fleur
> 1 tasse de pois verts
> 2 c. à soupe de ghi ou huile végétale
> 1 c. à café de graines de moutarde noires
> 1 c. à café de coriandre en poudre
> ¼ c. à café de curcuma
> ¼ c. à café d'assa-fœtida

¼ c. à café de poivre de Cayenne
¼ c. à café de clous de girofle en poudre
ghi pour grande friture ou huile végétale

Râper le chou-fleur. Faire frire les graines de moutarde dans le ghi jusqu'à ce qu'elles éclatent, puis ajouter les autres épices et les faire frire quelques secondes. Incorporer le chou-fleur râpé et les petits pois. Laisser cuire à feu moyen jusqu'à ce que la mixture se change en une purée brune. Garder dans une casserole couverte.

Avec la pâte, former des boules d'environ 4 cm de diamètre et les aplatir au rouleau jusqu'à ce qu'elles deviennent comme des galettes minces d'environ 7 cm de diamètre. Placer la farce au centre, replier la pâte en demi-lune et plisser pour bien fermer.

Faire frire dans le ghi sur un feu assez vif jusqu'à ce que la pâte soit dorée et croustillante (10 à 15 min.).

Note: On peut aussi faire cuire les *samosas* dans le four. Il suffit de rajouter un peu plus de ghi à la pâte et à la farce pour qu'elles soient plus tendres. Environ 2 c. à café pour chaque tasse de farine, et 1 c. à café à la farce. Cuire sur une plaque huilée pendant 20 minutes dans un four à 200°C.

Alupatras: Galettes de blé et de pommes de terre ⓋⒺ

Appelés aussi « *Pinwheel-samosas* », les *alupatras* sont populaires et délicieux.

> *4 pommes de terre*
> *2 c. à soupe de ghi ou huile végétale*
> *1 c. à soupe de gingembre frais*
> *½ c. à café de curcuma*
> *½ c. à café de garam massala*
> *sel*
> *pâte à samosa (voir la recette précédente « samosa »)*
> *ghi pour la friture ou huile végétale*

Laver les pommes de terre et les râper. Faire frire les épices et le gingembre dans le ghi et y ajouter les pommes de terre. Couvrir et cuire pendant 5 minutes à feu moyen. Saler.

Préparer une pâte à *samosa*. Façonner ensuite la pâte en un grand rectangle puis y étendre la farce de pommes de terre.

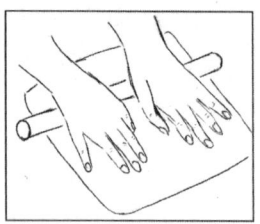
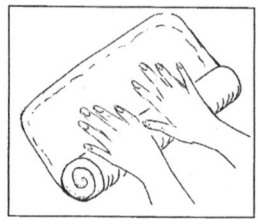

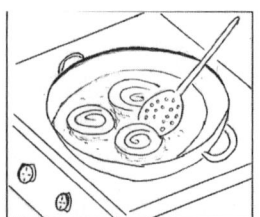

Rouler le tout et couper en petites galettes de 2 cm de large. Faire frire les galettes dans le ghi jusqu'à ce qu'elles soient dorées.

Servir avec un chutney ou une soupe (pour le chutney, voir les sauces). Saupoudrez de graines de sésame au goût.

Note : On peut aussi faire cuire les galettes dans le four. Il suffit de rajouter un peu plus de ghi à la pâte et à la farce pour qu'elles soient plus tendres. Environ 2 c. à café pour chaque tasse de farine, et 1 c. à café à la farce. Cuire sur une plaque huilée pendant 20 minutes dans un four à 200°C.

Gratin d'aubergines

Un mets recherché, à saveur riche ; un festin en lui-même.

Les aubergines enrobées de pâte

Pâte à frire
3 tasses de farine de pois chiches
1 c. à café de cumin en poudre
1 c. à café de coriandre en poudre
½ c. à café de sel
¼ c. à café de poudre à pâte
1 c. à soupe de beurre fondu
1 tasse d'eau

Pour préparer la pâte, mélanger d'abord les ingrédients secs puis ajouter le beurre et l'eau pour que la pâte soit semi-liquide. Laisser reposer 15 minutes.

ghi pour la friture
2 aubergines de taille moyenne (15 cm)

Laver les aubergines et les couper en tranches de 2 cm d'épaisseur. Les enrober de pâte.

Faire chauffer du ghi (assez pour que les aubergines enrobées puissent flotter) et faire frire les aubergines à feu vif pendant 10 minutes. Les tourner de l'autre côté, et laisser frire encore 5 minutes. Égoutter.

La sauce tomate

> 12 tomates
> 1 c. à café de graines de moutarde
> 1 c. à café de fenouil
> 1 c. à café de cumin entier
> ½ c. à café de poivre de Cayenne
> parmesan râpé

Couper une douzaine de tomates en huit parties chacune. Réchauffer 3 c. à soupe de ghi dans un récipient et ajouter les épices. Laisser cuire les épices pendant deux minutes, puis ajouter les tomates. Cuire à chaleur moyenne.

Dans un plat rectangulaire allant au four, étaler la moitié des aubergines frites en rangées uniformes. Recouvrir les aubergines ainsi étalées avec une partie de la sauce tomate ; recommencer une deuxième épaisseur et recouvrir avec le reste de la sauce.

Compléter en garnissant le dessus avec du parmesan râpé. Saupoudrer le fromage de paprika et cuire au four pendant 15 minutes, à 200°C. Servir chaud.

On peut remplacer le parmesan par du fromage maison (voir *panir*).

Les chaussons chinois au chou et pousses de soja ⓥ

Recette populaire et appétissante de la cuisine chinoise. Les pousses de soja vendues en magasin sont en fait des fèves mung germées. On peut acheter les fèves germées, mais on peut aussi les faire germer soi-même.

La pâte

1 tasse de farine de blé entier pour pâtisserie
1 c. à soupe de ghi ou huile végétale
⅓ tasse d'eau
½ c. à café de sel

Mélanger la farine, le sel et le ghi. Ajouter l'eau et pétrir pendant 2 minutes. Laisser reposer sous un couvercle.

Les légumes

2 c. à soupe de ghi ou huile végétale
1 c. à café d'anis
1 c. à café de coriandre
½ c. à café de clous de girofle en poudre
½ c. à café de cannelle
½ c. à café de gingembre en poudre
1 chou moyen râpé fin (environ 2 tasses)
2 tasses de fèves mung germées
ghi ou huile pour grande friture

Faire chauffer 1 c. à soupe de ghi et faire frire toutes les épices pendant une minute. Ajouter le chou râpé. Couvrir et cuire pendant 10 minutes à feu moyen.

Laver et égoutter les fèves mung germées et les ajouter au mélange pour 5 autres minutes de cuisson. Éteindre et laisser refroidir à température ambiante.

Pour confectionner les chaussons

Rouler la pâte en un grand carré d'environ 30 cm × 30 cm. Couper en 8 rectangles égaux d'environ 8 cm × 15 cm. Sur une moitié de chaque rectangle déposer 2 c. à soupe du mélange de légumes. Humidifier le contour de la pâte, rabattre l'autre moitié et fermer le chausson en pressant les contours pour bien souder le tout.

Replier les deux extrémités pour bien fermer les bouts. Faire frire le chausson dans le ghi bien chaud ou l'huile végétale, pendant 10 minutes, en le tournant.

La sauce aux ananas pour garnir

1 c. à café de gingembre frais râpé
½ c. à café de cannelle
½ c. à café de muscade
2 c. à soupe de ghi ou huile végétale
1 grand ananas coupé en morceaux
2 tasses d'eau
1 tasse de sucre brun

Faire frire les épices pendant une minute dans le ghi. Ajouter les morceaux d'ananas et bien mélanger. Couvrir et cuire à feu moyen pendant 5 minutes. Rajouter deux tasses d'eau, couvrir et cuire à petit feu pendant 20 minutes. Ajouter le sucre et laisser mijoter, sans couvrir, pendant 10 autres minutes. Servir chaud ou tiède avec les chaussons chinois.

Les sauces

Les chutneys : sauces épicées ⓥ

Le chutney est la sauce épicée par excellence pour accompagner toutes les fritures et les riz.

Dans une poêle, faire chauffer 2 c. à soupe de ghi et ajouter l'épice correspondant au fruit sélectionné. Rajouter au goût un piment fort frais ou ¼ de c. à café de poivre de Cayenne. Faire frire le tout pendant 2 minutes.

Voici les épices suggérées pour chaque fruit :

Framboises	*anis et gingembre râpé*
Fraises	*anis et gingembre râpé*
Pêches	*cumin et gingembre râpé*
Poires	*fenouil et gingembre râpé*
Pruneaux	*cumin et gingembre râpé*
Baies	*fenouil et gingembre râpé*
Myrtilles	*anis et gingembre râpé*
Mangues	*cumin et gingembre râpé*
Ananas	*cumin et gingembre râpé*
Rhubarbe	*muscade et gingembre râpé*
Raisins secs	*cumin et gingembre râpé*
Tomates	*cumin et fenouil*

Ajouter 3 tasses du fruit choisi coupé en petits morceaux et ½ tasse de sucre. Cuire 5 minutes. La consistance devrait être comme une confiture pour que l'on puisse y tremper un *pakora* ou un morceau de pain.

Chutney aux pommes ⓋⒺ

> 2 kilos de pommes
> ¼ tasse de ghi ou huile végétale
> 1 c. à café de muscade
> 1 c. à café de cannelle
> ¼ c. à café de clous de girofle en poudre
> 1 c. à café de gingembre en poudre
> ½ tasse d'eau
> 2 c. à café de piment fort séché
> 1 c. à café de curcuma
> 6 tasses de sucre

Peler les pommes, les couper en morceaux et les faire cuire dans un peu d'eau jusqu'à ce qu'elles soient tendres. Enlever le couvercle et laisser l'eau s'évaporer.

Dans une petite poêle, faire frire toutes les épices dans le ghi, en commençant par le piment. Puis ajouter le tout aux pommes ainsi que le sucre.

Cuire jusqu'à ce que l'on obtienne la consistance d'une confiture (10 à 15 minutes).

La sauce au curry

Cette sauce très savoureuse est populaire. On la verse généreusement sur le riz ou le millet. On peut aussi la servir comme soupe avec des croûtons.

> 3 tasses d'eau
> 2 tasses de yaourt
> ¼ tasse de farine de pois chiches
> 2 c. à café de sel
> ¼ tasse de ghi
> 1 c. à café de graines de moutarde

1 c. à café de graines de cumin
1 c. à café de fenugrec en poudre
1 c. à café de curry en poudre
1 c. à café de poivre de Cayenne
1 c. à café de curcuma
1 c. à café de coriandre
2 c. à café de mélasse

Mélanger l'eau, le yaourt, la farine et le sel (avec un fouet si possible) et faire chauffer dans une marmite à fond épais à feu doux pendant 10 minutes.

Dans une poêle, faire frire les épices : les graines de moutarde en premier jusqu'à ce qu'elles éclatent, puis le reste des épices. Couvrir et faire frire ½ minute. Ajouter toutes ces épices à la sauce, recouvrir et cuire à feu doux pendant 30 minutes. Avant de servir, ajouter la mélasse. Servir chaud.

Garniture pour salades Ⓥ

1 avocat en purée (ou 2 tomates en purée)
1 tasse de noix de cajou broyées ou en purée
1 tasse d'huile d'olive
½ tasse de jus de citron
1 c. à soupe de miel ou sucre
1 ½ c. à café de sel
½ c. à café de poivre noir
1 c. à café d'assa-fœtida
½ c. à café de basilic
feuilles de coriandre

Bien mélanger (avec un mixeur si possible) et mettre au réfrigérateur.

Les sucreries

Laddu : friandise au beurre et farine de pois chiches

Une sucrerie au goût riche et unique.

> *2 tasses de farine de pois chiches*
> *1 ½ tasse de beurre non salé*
> *1 ¾ tasse de sucre glace*
> *¼ tasse de noix de coco râpée*

Huiler d'abord un plat à gâteau et le mettre de côté.

Dans une casserole, faire fondre le beurre et y faire brunir la farine de pois chiches pendant 10 minutes. Ajouter la noix de coco râpée et continuer à faire brunir jusqu'à ce que la farine devienne brun-roux. Éteindre le feu. Incorporer doucement le sucre glace à la farine en mélangeant bien pour que le tout devienne homogène. Étaler ensuite ce mélange dans un plat à gâteau et laisser refroidir au réfrigérateur 30 minutes.

Découper le *laddu* en petits carrés ou losanges.

Laddu royal

D'une saveur exquise, voici une sucrerie pour les grandes occasions.

> *1 tasse de farine de pois chiches tamisée*
> *4 c. à café de ghi ou de beurre*

3 c. à café d'eau
5 c. à café de sucre brun
3 c. à café de pistaches hachées (ou noix de Grenoble)
1 c. à café de poudre de cardamome

Huiler d'abord un plat rectangulaire et le mettre de côté. Chauffer l'eau et le sucre à feu doux pendant 6 ou 7 minutes pour en faire un sirop épais. Retirer du feu.

Dans une autre poêle, frire à feu doux la farine dans le ghi pendant 5 minutes, puis ajouter les pistaches hachées. Cuire le tout jusqu'à ce que la farine ait la couleur du beurre d'arachide. Ajouter ensuite la cardamome en poudre, puis le sirop. Ne jamais cesser de remuer. Au bout de quelques instants, le mélange ressemblera à du caramel.

Il faut immédiatement transférer le *laddu* dans le plat huilé au préalable. Étaler le mélange jusqu'à une épaisseur d'environ 2 cm. Lorsque la surface est refroidie, on peut, à la main, la rendre bien lisse.

Laisser refroidir 30 minutes et couper en morceaux.

Riz au lait sucré

Au goût lacté et velouté, le riz au lait sucré devient vite le dessert favori de tous.

4 tasses de lait entier frais
¼ tasse de riz basmati ou blanc
¼ c. à café de vanille
¾ tasse de sucre

Faire cuire le riz dans le lait à feu moyen en remuant sans cesse avec une cuillère en bois jusqu'à obtenir la consistance d'un pouding (30 à 40 minutes). Ajouter le sucre et la vanille. Servir froid. Certains fruits peuvent aussi être ajoutés à la fin de la cuisson, comme des raisins secs, pêches, ananas ou fraises.

La salade de riz aux ananas

⅔ tasse de riz basmati (ou autre riz blanc)
¾ tasse de crème
3 c. à soupe de sucre
¾ c. à café de cannelle en poudre
¾ c. à café de cardamome en poudre
½ c. à café de muscade en poudre
une pincée de clous de girofle en poudre
½ tasse de raisins secs
1 ½ tasse de morceaux d'ananas coupés en petits cubes
1 c. à soupe d'amandes effilées

Faire cuire le riz dans le double d'eau pendant 20 minutes à petit feu. Lorsque bien cuit, étaler le riz sur une grande assiette et laisser refroidir à la température de la pièce.

Dans un bol, fouetter la crème pour l'épaissir jusqu'à l'obtention d'une consistance assez ferme. Puis ajouter le sucre, les épices et les raisins secs en mélangeant bien.

Incorporer ensuite le riz à la crème fouettée et refroidir. Avant de servir, garnir avec les amandes effilées et les morceaux d'ananas.

Malpouris : beignets dans le yaourt

2 tasses de farine blanche
¾ tasse de sucre glace
1 ½ c. à café de poudre à lever
ghi pour friture ou huile végétale
yaourt aux fraises (ou autre)

Mélanger les ingrédients secs et ajouter de l'eau pour obtenir une pâte semi-liquide. Faire chauffer le ghi à feu moyen et y laisser tomber la pâte de la grosseur d'une cuillerée à soupe. Une fois dorés, retirer les beignets du ghi et égoutter. Ensuite, laisser tremper les beignets dans le yaourt.

Goulab jamouns : beignets au lait enrobés de sirop

La pâte

2 tasses de lait en poudre
½ tasse de farine blanche
1 c. à café de bicarbonate de soude
lait tiède
¼ tasse de beurre fondu
ghi pour grande friture

Pour faire la pâte, mélanger les ingrédients secs d'abord et ajouter le lait tiède et le beurre fondu pour faire une pâte ni trop sèche ni trop collante. Faire des boulettes d'environ 2 cm de diamètre en les roulant entre les paumes.

Chauffer du ghi pour friture ou de l'huile végétale à 93°C. Faire frire les boules pendant 25 minutes en les retournant, jusqu'à ce qu'elles soient dorées. Lorsqu'on met les boules dans le ghi chaud, elles vont au fond puis remontent ; faire attention qu'elles ne collent pas au fond et brûlent. Les goulab jamouns sont prêtes lorsqu'elles sont brunes et dorées.

Le sirop

4 tasses d'eau
4 tasses de sucre brun
un soupçon d'eau de rose

Amener l'eau et le sucre à ébullition puis retirer du feu. Ajouter un soupçon d'eau de rose et y déposer les goulab jamouns cuites. Laisser refroidir à température ambiante. Si les boules se brisent dans le sirop, c'est qu'elles ne sont pas assez cuites.

Biscuits au lait

2 tasses de lait en poudre
1 tasse de sucre
1 tasse de beurre non salé, fondu (250 g)
1 tasse de noix coco râpée
jus d'ananas, d'orange ou autre

Bien mélanger tous les ingrédients avec assez de jus pour faire une pâte ferme.

Disposer en petites boulettes sur une plaque à biscuits huilée et cuire à 190°C, jusqu'à ce que les bords deviennent bruns.

Halava aux noix et dattes

Le halava est le gâteau aux céréales le plus connu et apprécié de l'Inde.

1 tasse de semoule de blé
½ tasse de beurre non salé
¼ tasse de noix de cajou ou d'amandes

Dans une casserole assez haute, faire fondre le beurre, y ajouter la semoule et faire roussir avec les noix pendant 10 à 15 minutes à feu moyen. Pendant ce temps, préparer le sirop en portant à ébullition les ingrédients suivants :

2 tasses d'eau
¾ tasse de sucre

1 c. à café de vanille
¼ tasse de raisins secs

Quand la semoule est dorée, ajouter le sirop bouillant (très progressivement) en mélangeant bien. Baisser le feu et laisser cuire pendant 5 minutes. Fermer le feu, mettre le couvercle et laisser reposer pendant encore 10 minutes.

Servir chaud de préférence ou tiède.

Shrikan : yaourt

4 tasses de yaourt nature
¾ tasse de sucre
1 c. à café de safran (ou jus de citron, de fraise ou de mangue)

Mettre le yaourt dans un tissu en coton fin et le suspendre pour bien égoutter (six heures ou plus).

Dans un bol, mélanger le yaourt égoutté, le sucre et le citron.

Servir froid.

Lassi d'orange et de fraises : boisson à base de yaourt

Breuvage rafraîchissant

1 tasse de yaourt nature
3 tasses d'eau (ou 2 tasses d'eau et 1 tasse de glace concassée)
½ tasse de jus d'orange
½ tasse de fraises
5 c. à café de sucre

Bien mélanger, avec un mixeur si possible. Servir froid.

La nourriture végétarienne

Soyez conscients, quand vous faites vos courses, que certains produits alimentaires peuvent contenir de la viande, du poisson, des œufs ou leurs dérivés; vérifiez les étiquettes. À titre d'exemple, certaines marques de yaourts et de crème contiennent de la gélatine animale. Assurez-vous que tout fromage que vous achetez soit sans présure animale, celle-ci étant un enzyme extrait de la caillette des veaux.

Évitez aussi les aliments précuits par ceux qui ne font preuve d'aucune dévotion pour Dieu. Selon les lois subtiles de la nature, les aliments cuisinés ont la propriété de refléter l'état de conscience de l'individu qui les a préparés; le cuisinier influence autant mentalement que physiquement la nourriture qu'il prépare. Cette influence agit sur la conscience de celle ou celui qui mange ces aliments. En mangeant des aliments cuits par des personnes dénuées de conscience spirituelle – les employés d'une usine quelconque – nous sommes assurés d'ingurgiter une dose d'énergie mentale matérialiste. Autant que possible, n'utilisez que des ingrédients frais et naturels que vous préparerez vous-même.

Cuisiner pour Dieu

La propreté est le principe primordial dans la préparation de la nourriture. Rien d'impur ne doit être offert à Dieu. Gardez votre cuisine très propre et lavez toujours vos mains avant de cuisiner. Évitez surtout de goûter la nourriture pendant que vous la préparez; vous pourrez ainsi mieux méditer sur le fait que le repas que vous cuisinez ne vise pas votre satisfaction personnelle, mais bien celle de Kṛṣṇa qui doit être le premier à le goûter. Si vous souhaitez apprendre à faire une offrande plus élaborée, consultez alors un dévot du temple de Kṛṣṇa le plus proche de chez vous.

Les repas Hare Kṛṣṇa

« Le Mouvement pour la Conscience de Kṛṣṇa réussit de manière superbe à nous faire comprendre que la nourriture végétarienne est saine, délicieuse et agréable à l'œil. Depuis vingt-deux ans, les dévots de Kṛṣṇa ont distribué des millions d'assiettes de nourriture sanctifiée qu'on appelle *prasādam*, nourriture végétarienne préparée et offerte à Dieu avec amour et dévotion. Ce sont des maîtres cuisiniers et leurs mets sont exceptionnellement délicieux. Nous ne pouvons que leur être profondément reconnaissants du succès que connaît leur propagation du végétarisme à travers le monde. »

– Scott Smith, *rédacteur adjoint du Vegetarian Times*

La préparation consciencieuse et la distribution à grande échelle de nourriture spirituelle ont toujours fait partie intégrante de la culture védique. Depuis 1966, les membres d'ISKCON (International Society for Krishna Consciousness) ont perpétué cette tradition en ouvrant de nombreux restaurants végétariens, en fondant une cinquantaine de communautés rurales et en servant gratuitement des milliers de repas dans les pays d'Asie, d'Afrique et d'Occident, tout en expliquant l'importance du végétarisme à travers livres, revues et films. En outre, plusieurs membres du Mouvement pour la Conscience de Kṛṣṇa ont mis sur pied diverses entreprises commerciales qui produisent une grande variété d'aliments naturels. Tout ceci contribue à faire du mouvement un défenseur solide et organisé du végétarisme.

Le festin du dimanche

En 1966, le fondateur du mouvement Hare Kṛṣṇa, Śrīla Prabhupāda, inaugura à New York le festin du dimanche, désormais célèbre, en participant lui-même à la préparation des plats.

Dès 1970, le festin du dimanche devint un événement hebdomadaire dans les principales villes du monde : Paris, Londres, Rome, Amsterdam, Francfort, New York, Nairobi, Calcutta, Bombay, Sydney, Melbourne, Rio de Janeiro…

Festivals

En plus des repas servis chaque dimanche dans leurs temples, les dévots de Kṛṣṇa entreprirent de faire connaître leur nourriture végétarienne auprès du public de diverses façons. Ils commencèrent à offrir des repas gratuitement lors des rassemblements populaires de festivals de musique et de manifestations à caractère pacifique, sans oublier les salons de l'alimentation et de la santé qui ont lieu chaque année dans la plupart des grandes villes du globe.

Le mouvement Hare Kṛṣṇa organise également ses propres festivals, dont le Ratha-Yatra (Festival des Chars), célèbre dans le monde entier. Chacun de ces événements entraîne la distribution de milliers d'assiettes de délicieuse nourriture végétarienne.

Scott Smith, rédacteur adjoint de la revue *Vegetarian Times*, écrivait : « Les cuisiniers du mouvement Hare Kṛṣṇa sont les seuls à préparer d'aussi grandes quantités de nourriture excellente, même lorsqu'il s'agit de nourrir 12 000 personnes d'un seul coup. »

Restaurants

Au début des années 80, le mouvement Hare Kṛṣṇa avait ouvert des restaurants à New York, Paris, Londres, Sydney et autres grandes villes. Chacun de ces restaurants fut fréquenté par une clientèle aussi fidèle que satisfaite, et les critiques gastronomiques ont inconditionnellement vanté la cuisine des dévots dans les grands quotidiens et magazines. Le *Dallas News* parlait ainsi du restaurant de Dallas : « Les bonnes surprises sont tellement préférables aux mauvaises. Et *Kalachandji* – le restaurant Hare Kṛṣṇa – est une agréable, voire merveilleuse surprise. On y sert un repas cinq soirs par semaine à un prix modique. On ne saurait trouver mieux. […] Le décor s'avère tout aussi unique que la nourriture. » Lors d'une interview réalisée en 1982, George Harrison disait : « Je trouve le *prasādam* extraordinaire. C'est dommage que vous n'ayez pas un restaurant ou un temple sur toutes les grandes artères de chaque ville et village du monde, comme tous ces commerces de hamburgers et de poulets rôtis. »

Distribution internationale de nourriture

« Personne dans un rayon de dix kilomètres du temple ne doit souffrir de la faim », dit un jour Śrīla Prabhupāda à ses disciples. Cette compassion pour les sous-alimentés a conduit à la création au sein d'ISKCON d'un organe de distribution de nourriture qui au cours des dernières années a fourni des repas à des centaines de milliers de personnes dans le besoin. On estime que plus de 3 millions de repas par année sont ainsi distribués gratuitement par les dévots de Kṛṣṇa.

En 1977, le Bengale occidental subit la pire inondation de son histoire. Les dévots de Kṛṣṇa de l'endroit se mirent aussitôt à l'œuvre : risquant leur vie, ils parcoururent des centaines de kilomètres d'eaux menaçantes à bord de petites embarcations motorisées pour apporter à des villages isolés du riz et de la soupe qu'ils avaient fait cuire sur le toit de leur temple inondé ; ils ont ainsi sauvé de la famine des milliers de personnes. De nombreuses distributions de *prasādam* ont aussi eu lieu en Asie, en Afrique, en Australie, dans les Philippines et dans de nombreux pays d'Amérique latine.

Dans les grandes villes de l'Occident, grâce à son association « Les repas Hare Krishna », le Mouvement pour la Conscience de Kṛṣṇa distribue des repas gratuits aux chômeurs et autres personnes vivant en dessous du seuil de la pauvreté. Cet organisme a nourri des milliers de personnes chaque semaine dans des villes comme Sydney, Londres, Los Angeles, Miami... Devant le bon travail des dévots de Kṛṣṇa, le conseil municipal de Cleveland, aux États-Unis, a tenu à les féliciter : « Étant donné que le restaurant Govinda donne à manger aux pauvres, au troisième âge, aux hommes et aux femmes, aux Blancs comme aux Noirs ; que sa présence est grandement appréciée par les masses de cette communauté, [...] le conseil désire exprimer ses remerciements sincères pour les nombreux services désintéressés rendus à la communauté par le mouvement Hare Kṛṣṇa. »

Communautés rurales

Dans la tradition védique, la vache est protégée et traitée comme un membre de la famille. La vache donne ainsi du lait en abondance, non seulement pour son petit veau mais aussi pour les hommes. Le surplus de lait est ensuite utilisé pour la fabrication de tous les produits dérivés comme yaourts et fromages. Ces produits laitiers sont appelés « *ahiṁsā* » car ils proviennent du lait de vaches aimées qui jamais ne seront tuées pour leur viande.

Śrīla Prabhupāda affirma souvent que les problèmes économiques du monde – y compris celui de la faim – seraient aisément résolus si les gens dépendaient simplement de la terre et des vaches. La vache nous donne d'amples provisions de lait, de beurre, de fromage et de yaourt ; et à l'aide du bœuf, on peut cultiver la terre et produire céréales et légumes. Les arbres, eux, peuvent nous fournir des noix et des fruits. Afin de prouver de façon pratique cette vérité, Śrīla Prabhupāda fonda plusieurs communautés rurales où les vaches, veaux et bœufs vivent paisiblement. Ceux qui les visitent peuvent déguster de délicieux repas préparés à partir d'aliments végétaux sains, naturels, produits sur place.

Diffusion du savoir

À l'aide de différents livres de cuisine comme celui que vous tenez entre vos mains, le mouvement Hare Kṛṣṇa a introduit la philosophie et la préparation du *prasādam* auprès de millions de personnes dans le monde entier. Les dévots distribuent également les textes essentiels de la sagesse védique – la *Bhagavad-gītā*, le *Śrīmad-Bhāgavatam* et le *Caitanya-caritāmṛta* – qui expliquent la loi du karma, la doctrine de la non-violence et les autres aspects d'une approche spirituelle du végétarisme. Dans certains de leurs temples et restaurants, les dévots offrent des cours de cuisine végétarienne, ainsi que dans certaines écoles ou à domicile.

Le Mouvement pour la Conscience de Kṛṣṇa

Le Mouvement pour la Conscience de Kṛṣṇa est un organisme mondial qui regroupe ceux qui désirent pratiquer le *bhakti-yoga*, science éternelle du service d'amour offert à Dieu. Ce mouvement fut fondé en 1966 par Śrī Śrīmad A.C. Bhaktivedanta Swami Prabhupāda, pur dévot du Seigneur et représentant d'une lignée ininterrompue de maîtres spirituels dont Śrī Kṛṣṇa Lui-même constitue l'origine. Le mouvement ne poursuit aucun but lucratif et a pour objectif de faire connaître les principes d'une existence pure, centrée sur Dieu, tels que les enseignent les textes sacrés de l'Inde, les Védas.

L'unique souci du mouvement Hare Kṛṣṇa est d'offrir aux hommes et aux femmes du monde entier des solutions pratiques aux problèmes spirituels et matériels contemporains.

Pour atteindre ces buts, le Mouvement pour la Conscience de Kṛṣṇa enseigne la sagesse spirituelle contenue dans les Védas, établit des temples et des communautés rurales, et distribue de la nourriture végétarienne gratuitement.

Les projets essentiels du Mouvement pour la Conscience de Kṛṣṇa sont les suivants :

- Établir des temples et des centres de prédication.
- Ouvrir des collèges pour l'éducation des prêtres (*brāhmaṇas*), des enseignants et des missionnaires.

- Établir des communautés rurales auto-suffisantes.
- Établir des restaurants végétariens et donner des cours de cuisine végétarienne.
- Dispenser une éducation académique et spirituelle.
- Enseigner la pratique du *bhakti-yoga*.
- Promouvoir les arts et les sciences védiques tels que la danse, la peinture, le théâtre et la médecine ayurvédique.
- Maintenir et développer la plus grande maison de publication de livres sur la culture védique : le Bhaktivedanta Book Trust.

Le Mouvement pour la Conscience de Kṛṣṇa a huit principes de base, et nous invitons nos lecteurs à les examiner en toute objectivité :

1. En approfondissant avec sincérité une science spirituelle authentique, on peut s'affranchir de l'angoisse et atteindre, en cette vie même, un niveau de conscience pur, éternel et tout de félicité.
2. L'homme n'est pas l'enveloppe charnelle qui le recouvre, mais est en fait une âme spirituelle, partie intégrante de Dieu (Kṛṣṇa), dont il constitue un fragment. Ainsi sommes-nous tous frères, et Kṛṣṇa est notre père commun.
3. Kṛṣṇa est l'éternel, omniscient, omniprésent, tout-puissant et infiniment fascinant Seigneur Suprême, Dieu. De tous les êtres, Il est le père, Celui qui donne la semence ; c'est Lui encore qui, par Sa puissance, soutient la création cosmique tout entière.
4. La Vérité Absolue Se trouve dans tous les grands textes sacrés du monde. Néanmoins, les plus anciennes de toutes les Écritures révélées sont les Écritures védiques, parmi lesquelles la *Bhagavad-gītā*, où sont recueillies telles quelles les paroles mêmes de Dieu.
5. Le savoir védique doit être reçu d'un maître spirituel authentique : une personne qui ne poursuit aucun intérêt personnel, et dont le mental est pleinement absorbé en Kṛṣṇa.

6 Avant de manger toute nourriture, nous devons l'offrir au Seigneur Kṛṣṇa.
7 Nous devons faire de chacun de nos actes une offrande à Kṛṣṇa, et ne rien entreprendre qui vise à satisfaire nos propres sens.
8 La méthode recommandée pour atteindre la plénitude de l'amour de Dieu, est le chant des Saints Noms du Seigneur : Hare Kṛṣṇa, Hare Kṛṣṇa, Kṛṣṇa Kṛṣṇa, Hare Hare / Hare Rāma, Hare Rāma, Rāma Rāma, Hare Hare.

Dans tous nos centres, nous mettons en pratique ces huit principes, et nous vous invitons à faire de même en nous rendant visite.

Bref historique du Mouvement pour la Conscience de Kṛṣṇa

« Le Mouvement pour la Conscience de Kṛṣṇa prend sa source dans l'ancienne tradition dévotionnelle hindoue appelée *bhakti* et qui signifie la dévotion ou l'amour pour Dieu. Certaines personnes en Amérique ont appliqué au mouvement Hare Kṛṣṇa l'étiquette de secte et remis en question son authenticité. C'est là un triste et déplorable témoignage de notre isolement culturel. Cette tradition religieuse exige une place respectable dans la vie spirituelle de l'homme. Elle ne doit en aucun cas être déshonorée ou dépréciée par l'appellation de secte, et la dignité de son héritage et de son histoire unique ne doit pas non plus être diminuée par la confusion de ceux qui voudraient, sans discrimination aucune et d'un simple geste, l'identifier à l'une des trop nombreuses sectes aujourd'hui si populaires. »

– Dr Diana Eck
*Professeur d'histoire des religions
à l'Université de Harvard, États-Unis*

Le Mouvement pour la Conscience de Kṛṣṇa n'est pas une nouvelle religion. C'est un mouvement international qui a pour mission de répandre les préceptes d'une culture spirituelle plusieurs fois millénaire. Il prend sa source dans une des plus anciennes traditions, la tradition védique, qui provient des Védas, les plus anciens écrits philosophiques et religieux qui soient connus de l'homme.

La venue du Seigneur Kṛṣṇa

Lorsque Kṛṣṇa vint en ce monde, il y a 5000 ans, Il exposa l'essence de la connaissance spirituelle dans ce grand classique védique qu'est la *Bhagavad-gītā*. Ce grand ouvrage spirituel a été vénéré par les penseurs de tous les temps. Voici quelques-unes de leurs appréciations :

« Je me souviens toujours du sain vertige qui me saisit la première fois que des fragments de cette poésie sanskrite tombèrent sous mes yeux. »

– Lamartine, *écrivain français*

« Que d'autres viennent à leur tour puiser, à ce réservoir de sagesse pratique, les pensées inspiratrices de leurs actions, comme le font journellement des milliers d'hommes ; la plupart appartenant à la race la plus intensément religieuse du monde. »

– Romain Rolland, *écrivain français*

« La *Bhagavad-gītā*, ce sont des paroles divines… L'action est nécessaire, car il faut que les desseins divins s'accomplissent. Et l'action est purifiée de la vie, si l'homme est en communion suffisante avec Dieu pour la Lui dédier comme un sacrifice. »

– André Malraux, *écrivain français*

« Si la *Bhagavad-gītā* a marqué profondément l'esprit européen, c'est que, pour la première fois, elle fit connaître à l'Occident un mysticisme exigeant que l'amour, la dévotion à Dieu, soient manifestés dans les actes. »

– Albert Schweitzer
théologien et écrivain allemand

« Par la *Bhagavad-gītā*, nous pouvons atteindre une idée claire de ce qu'est la plus pratiquée, mais aussi la plus haute de toutes les religions de l'Inde. »

– G. W. Hegel, *philosophe allemand*

Au fil des siècles, le message spirituel des Védas fut soigneusement préservé par une lignée ininterrompue de maîtres spirituels. Śrīla Prabhupāda, le fondateur du mouvement Hare Kṛṣṇa, est précisément l'héritier de cette succession disciplique qui remonte à Kṛṣṇa, et ses disciples ont la responsabilité de répandre à leur tour les enseignements de la *Bhagavad-gītā*. Aujourd'hui, ce livre est considéré comme sacré par plus de 600 millions d'hommes dans une Inde constellée de temples de Kṛṣṇa.

Śrīla Prabhupāda a écrit plus de 60 livres contenant des traductions, des commentaires et des études approfondies des grands classiques religieux et philosophiques de l'Inde. Hautement respectés par des autorités littéraires pour leur profondeur et leur clarté, ces ouvrages servent également de livres de référence et d'étude dans de nombreuses écoles et universités à travers le monde. Voici quelques commentaires sur ces ouvrages :

« Ce livre, la *Bhagavad-gītā telle qu'elle est*, de A.C. Bhaktivedanta Swami Prabhupāda, magnifiquement présenté, est d'une valeur inestimable, car l'Occident connaît mal ce courant majeur de l'hindouisme… On ne peut donc que recommander vivement la lecture d'un ouvrage qui mérite de maintes façons d'être tenu pour considérable. »

– Jean Varenne
Professeur de sanskrit, Université d'Aix-en-Provence

« Pour beaucoup de lecteurs, ce sera le premier contact sérieux avec l'Inde plurimillénaire et toujours vivante. Les lecteurs de la langue française peuvent maintenant aborder un texte essentiel de l'Inde, à la fois sous l'angle grammatical et dans sa perspective spirituelle fondamentale. »

– François Chenique
Docteur ès Sciences Religieuses
professeur à l'institut d'Études politiques de Paris

« Combien de fois n'avons-nous pas déploré l'absence d'une traduction française accessible de ce merveilleux livre qu'est le *Bhāgavata-Purāṇa* ; c'est pourquoi la présente publication nous comble. Tous ceux qui savent combien le culte du Seigneur Kṛṣṇa est au cœur de l'hindouisme vivant et combien la théologie dévotionnelle qui la sous-tend est belle et attachante se réjouiront de pouvoir pénétrer dans cette cathédrale de récits et d'enseignements spirituels, où les fidèles de Kṛṣṇa entendent, depuis des siècles, le chant de l'amour divin. Et dans cette découverte, que nous soyons conduits comme par la main par le Swami Prabhupāda, héritier autorisé de la grande lignée Chaitanyenne, ajoute à notre plaisir, nous donnant l'assurance que c'est dans la vibration même de l'expérience Krishnaïte que nous aborderons la lecture méditative du *Bhāgavata-Purāṇa*. »

– Père Pierre-Réginald Cren
Dominicain, professeur de religions orientales
à la faculté de Théologie de Lyon

« Je ne considère pas Swami Prabhupāda comme un simple swami 'dans le vent'. Il n'y a rien dans les doctrines de Prabhupāda qui soit issu de la mode. Ses efforts n'ont pas visé à offrir une forme simplifiée facile de l'hindouisme, attirante pour les éventuels clients occidentaux, mais plutôt à rester fidèle au modèle traditionnel. Ses disciples ne sont pas des vagues partisans d'une secte, disposant d'un peu de temps libre, mais bien au contraire des hommes et des femmes qui ont adopté un mode de vie entièrement nouveau et différent pour eux, un nouvel ensemble de valeurs et un nouveau regard sur les choses, en accord avec les normes de la Chaitanya-bhakti. Et voilà ce qui, à mon sens, forme le caractère le plus frappant du mouvement Hare Kṛṣṇa. Pour la première fois, en effet, depuis l'époque de l'Empire romain, une nouvelle religion asiatique – c'est-à-dire une religion asiatique nouvelle pour l'Occident – se voit pratiquée ouvertement dans les rues des grandes villes du monde occidental par les hommes de race occidentale aux antécédents judéo-chrétiens. Ce mouvement, parti d'à peu près rien dans les années 60, est maintenant devenu connu partout en Occident, du moins dans les grandes villes. »

– Extrait d'une conférence intitulée : « Les Courants Modernes de l'Hindouisme », présentée à l'Université de Californie à Los Angeles, le 15 janvier 1981, par le professeur A.L. Basham, une des autorités les plus réputées au monde en matière d'histoire de religion indienne

« Il est précieux pour le public français de posséder ce livre regardé comme sacré par les sages de l'Inde, éclairé par l'exégèse de A.C. Bhaktivedanta Swami Prabhupāda, maître prestigieux, héritier d'une haute tradition. »
– Lanza del Vasto, *artiste et philosophe espagnol*

Une tradition toujours vivante

L'adoration faite au Seigneur Kṛṣṇa est au cœur d'une des plus grandes et des plus anciennes religions de l'humanité : l'hindouisme. Encore aujourd'hui, les exploits et les enseignements de Kṛṣṇa se retrouvent dans tous les aspects de la culture musicale, artistique et théâtrale de l'Inde. Le touriste occidental qui visite l'Inde reste toujours étonné de voir comment la dévotion offerte à Kṛṣṇa est omniprésente en Inde.

Chaque jour en Inde, des millions de personnes se rendent dans les nombreux temples de Kṛṣṇa pour y adorer le Seigneur. Parallèlement, en Occident, les dévots de Kṛṣṇa accomplissent et enseignent ces mêmes pratiques spirituelles dans leurs temples à Paris, à New York ou à Hong Kong.

La venue du Seigneur Chaitanya

Pour bien comprendre les activités du mouvement Hare Kṛṣṇa, il convient de retourner cinq cents ans en arrière.

Il y a 500 ans, alors qu'en Occident l'homme portait un regard inquisitif sur l'univers physique et se lançait à la recherche de nouveaux océans et continents, en Orient, Śrī Chaitanya Mahaprabhu, appelé « l'avatar doré », s'imposait comme la figure de proue d'un très vaste mouvement qui devait bientôt marquer le cours de la pensée spirituelle et philosophique de l'Inde. Il redonna vie à une tradition millénaire et inspira le Bengale, puis l'Inde entière, à s'adonner au chant public et collectif des noms de Dieu – Hare Kṛṣṇa, Hare Kṛṣṇa, Kṛṣṇa Kṛṣṇa, Hare Hare / Hare Rāma, Hare Rāma, Rāma Rāma, Hare Hare. Śrī Chaitanya entraîna à sa suite des foules considérables qui chantèrent et dansèrent avec lui au son des *kartals* (petites cymbales) et des *mridangas* (tambours d'argile).

C'est cette renaissance spirituelle, amorcée par Śrī Chaitanya, que propage maintenant à travers le monde le Mouvement pour la Conscience de Kṛṣṇa. Lorsque les dévots de Kṛṣṇa chantent les Saints Noms du Seigneur, distribuent de la nourriture végétarienne et des livres sur la pensée védique, ils ne font que suivre l'exemple donné par Śrī Chaitanya.

La venue de Śrīla Prabhupāda

En 1965, A. C. Bhaktivedanta Swami Prabhupāda, âgé de 70 ans, traversait l'Atlantique avec 40 roupies en poche et une malle pleine de livres qu'il venait de traduire ; son maître spirituel lui avait donné l'instruction de répandre cette connaissance en Occident. Śrīla Prabhupāda n'a pas inventé une nouvelle religion mais a bien suivi les principes de la *Bhagavad-gītā* selon lesquels la connaissance spirituelle doit être transmise par la succession disciplique de maître à disciple :

« Savoir suprême, transmis de maître à disciple, voilà comment les saints rois l'ont reçu et réalisé. »

Bhagavad-gītā 4.2

Maintenant que Śrīla Prabhupāda, le fondateur du mouvement, a quitté ce monde, ses disciples continuent de répandre les enseignements de la tradition védique selon les principes de la succession disciplique.

Il y a à peine 50 ans, en Occident, personne n'avait entendu parler de Kṛṣṇa, mais grâce à l'effort de Śrīla Prabhupāda, le nom de Kṛṣṇa est maintenant chanté dans chaque grande ville du monde.

Le Mouvement pour la Conscience de Kṛṣṇa compte des milliers de sympathisants et connaît un taux de croissance annuel. Il continue à rendre service à la société en démontrant comment on peut vivre une vie simple et vouée à de hautes pensées par la pratique des enseignements de cette tradition spirituelle.

La pratique de la spiritualité

Le rôle du Mouvement pour la Conscience de Kṛṣṇa est d'offrir à chacun la connaissance de Dieu, et le moyen de demeurer à tout instant conscient de Lui. Cette connaissance s'acquiert par l'intermédiaire d'une science spirituelle : le *bhakti-yoga*. Le *bhakti-yoga* nous apprend à vivre une vie spirituelle, épurée de tout désir de jouir de la matière, et à renforcer notre amour pour le Seigneur Suprême, Śrī Kṛṣṇa.

Le *bhakti-yoga* comporte deux pratiques essentielles : le chant des noms de Dieu et l'étude des Écritures révélées, les Védas.

Le chant du mantra Hare Kṛṣṇa

Kṛṣṇa est doté de toutes les puissances. Il n'y a donc aucune différence entre Son nom, Sa forme, Ses attributs, Ses actes, Ses paroles et Sa personne. La lecture des textes traitant de Dieu a donc la même puissance spirituelle qu'une conversation intime avec Lui, et le chant de Son nom est également un contact personnel avec Lui.

L'homme ne peut trouver le vrai bonheur que lorsqu'il réintègre sa position originelle de serviteur de Dieu. Or, le *bhakti-yoga* consiste justement à agir en pleine conscience de notre relation avec Śrī Kṛṣṇa, et à Lui dédier chaque geste, chaque parole, chaque pensée. D'application joyeuse, cette méthode de yoga transporte ceux qui l'appliquent vers une connaissance parfaite de la vie, de l'être, du cosmos et de leur origine commune : Dieu, ou Śrī Kṛṣṇa. Le chant et la récitation des vibrations spirituelles du mantra Hare Kṛṣṇa, Hare

Kṛṣṇa, Kṛṣṇa Kṛṣṇa, Hare Hare / Hare Rāma, Hare Rāma, Rāma Rāma, Hare Hare, sont destinés à raviver notre conscience spirituelle, maintenant assoupie. Du fait de notre essence spirituelle, être conscient de Dieu relève de notre nature profonde ; mais par suite de notre contact avec la matière, notre conscience a perdu sa pureté originelle. Nous évoluons depuis dans une atmosphère d'illusion, ou «*māyā*». *Māyā* signifie «ce qui n'est pas». En quoi sommes-nous victimes de l'illusion ? En essayant de régenter la nature matérielle et de nous en dire maîtres quand nous sommes en fait assujettis à ses lois. Nous désirons exploiter toutes les ressources de la planète, mais nous nous perdons dans ses formes et réactions complexes et dépendons toujours davantage d'elles. Nous ne mettrons fin à cette vaine lutte qu'en réveillant notre conscience éternelle de Dieu.

La conscience de Kṛṣṇa n'a pas à être imposée à l'homme : elle correspond à sa conscience originelle, pure. D'autre part, le chant du mantra Hare Kṛṣṇa s'avère être la méthode de méditation, ou de prière, la plus accessible et aussi la plus efficace dans l'âge où nous vivons, l'âge de Kali. Comme chacun peut en faire l'expérience, les vibrations du *mahā-mantra* (ou mantra de la grande délivrance), venues du monde spirituel, ont tôt fait de transporter d'extase spirituelle celui qui les émet ou les entend.

L'homme ne se préoccupe d'ordinaire que de satisfaire ses sens en comblant leurs demandes, comme d'ailleurs le font les animaux. Il lui faut dépasser cette conception imparfaite de la vie et réfléchir au moyen de se libérer de l'emprise de la matière.

Le chant du mantra Hare Kṛṣṇa est d'essence complètement spirituelle et transcende les différents niveaux de conscience matérielle : physique, mental et intellectuel. Aussi n'est-il aucunement nécessaire de comprendre la langue du mantra, ni de le soumettre à quelque adaptation intellectuelle. Tout le monde peut participer au chant de ce mantra sans préparation préalable.

Au début, les nombreuses manifestations de l'extase spirituelle n'apparaissent pas nécessairement. Néanmoins, le premier signe de notre élévation au plan de la transcendance se montre très rapidement ; c'est le désir impétueux de danser au son du mantra. Il s'agit là d'une règle générale, vérifiable même chez un enfant. Une personne profondément enlisée dans l'existence matérielle mettra plus de temps à atteindre cette première extase, mais par le simple chant du mantra, elle parviendra aussi au niveau spirituel.

Les vibrations spirituelles du mantra procurent les plus grands bienfaits à ceux qui les entendent des lèvres de quelqu'un déjà imbu d'amour pour Dieu. Le meilleur moyen d'en ressentir immédiatement les effets sera donc de l'entendre chanter par un pur dévot du Seigneur. Le mot Hare s'adresse à l'énergie du Seigneur, tandis que les mots Kṛṣṇa et Rāma sont directement des noms de Dieu. « Kṛṣṇa » et « Rāma » signifient le bonheur suprême et « Hare » représente la puissance de félicité du Seigneur. Cette énergie, appelée énergie interne nous aide à atteindre le Seigneur. Outre cette énergie, le Seigneur en possède de multiples autres. L'une d'elles, l'énergie matérielle, qui constitue une énergie inférieure, est désignée par le nom de *māyā*. Quant à nous, êtres vivants, nous constituons l'énergie marginale du Seigneur, qui est une énergie supérieure à l'énergie matérielle. Aussi, les êtres distincts au contact de l'énergie supérieure du Seigneur, ou Hare, retrouvent leur condition première, normale et heureuse.

Les trois noms Hare, Kṛṣṇa et Rāma forment la semence divine du *mahā-mantra*. Ce chant est lancé comme un appel par l'âme conditionnée désireuse d'obtenir la protection du Seigneur et de Son énergie. Il s'identifie au cri de l'enfant qui réclame sa mère. Hare, jouant le rôle de la mère, aide l'être humain à obtenir la grâce du père, le Seigneur, qui Se révèle à celui qui chante avec sincérité ce mantra. Les Écritures décrivent le chant du *mahā-mantra* comme étant le moyen le plus efficace pour atteindre la réalisation spirituelle.

Hare Kṛṣṇa, Hare Kṛṣṇa, Kṛṣṇa Kṛṣṇa, Hare Hare
Hare Rāma, Hare Rāma, Rāma Rāma, Hare Hare

L'étude des textes védiques

Le *Śrīmad-Bhāgavatam*, texte intégral des grands classiques de la culture védique, fine fleur des civilisations antiques, avec les explications uniques du prestigieux maître qu'est A. C. Bhaktivedanta Swami Prabhupāda, est enfin accessible au public français. Il nous propose une aventure fantastique, que ce soit à travers ses descriptions incomparables du monde spirituel ou de la création et de l'annihilation des univers cosmiques, ou en nous faisant partager le grand voyage de l'âme qui, ayant quitté le monde spirituel, vient se faire rééduquer dans l'univers temporel où nous vivons. Il dresse également un tableau de l'histoire à travers les âges, en décrivant l'homme et ses ambitions, ses empires, sa soif de gloire et de pouvoir et son ultime défaite aux mains du temps. Il nous livre en outre le mystère de la libération et dépeint admirablement les activités de l'être désireux de réintégrer le monde spirituel.

Lire ces textes, c'est se découvrir à chaque page. On y acquiert une connaissance qu'on ne peut trouver nulle part ailleurs.

Table des matières

Introduction		1
1	L'alimentation la plus naturelle	3
2	Le vrai coût de la viande	13
3	Non-violence et respect des animaux	21
4	Tu ne tueras point	29
5	Vous êtes ce que vous mangez	39
6	Nous récoltons ce que nous semons	45
7	Au-delà du végétarisme	53
8	Le Goût supérieur	61
9	Recettes	75
	Les épices	77
	Préparations maison	80
	Le riz	84
	Les soupes	89
	Les pains	91
	Les légumes	94
	Les fritures	111
	Les sauces	119
	Les sucreries	122

Appendice

La nourriture végétarienne — 129

Le Mouvement pour la Conscience de Kṛṣṇa — 135

La pratique de la spiritualité — 145

Livres de Śrī Śrīmad
A. C. Bhaktivedanta Swami Prabhupāda
traduits en français

La Bhagavad-gītā telle qu'elle est
Le Śrīmad-Bhāgavatam
Le Śrī Caitanya-caritāmṛta
Le Livre de Kṛṣṇa
L'Enseignement de Śrī Caitanya
Le Nectar de la dévotion
La Śrī Īśopaniṣad
L'Upadeśāmṛta
La Perfection du yoga
Par-delà la naissance et la mort
La Vie vient de la vie
Introduction à la Bhagavad-gītā

Autres livres

Prabhupāda : La Vie et l'œuvre du fondateur
Gloire et mystère de l'Inde
Science et conscience

De nombreux autres titres sont aussi disponibles
en langue anglaise et plusieurs de ces ouvrages
existent en plus de quatre-vingt langues.

Vous pouvez vous procurer ces livres au centre
le plus près de chez vous ou à blservices.com

La Bhagavad-gītā telle qu'elle est
par Śrī Śrīmad A. C. Bhaktivedanta Swami Prabhupāda

La **Bhagavad-gītā telle qu'elle est** nous présente l'essence de la connaissance védique et dépeint de façon claire et détaillée la nature de l'âme, la conscience, le karma, le temps, la réincarnation, les différents yogas, l'univers et Dieu, la Personne Suprême.

Originellement écrite en sanskrit, **La Bhagavad-gītā telle qu'elle est** traduite et commentée par Śrī Śrīmad A. C. Bhaktivedanta Swami Prabhupāda nous est ici offerte en français, soit en livre de luxe avec couverture rigide ou en livre de poche avec couverture souple.

Les deux formats contiennent le texte sanskrit original, la translittération en caractères romains, l'équivalent français de chaque terme sanskrit et la traduction en prose de chaque verset suivie d'un commentaire élaboré.

Couverture rigide, format de luxe, 992 pages
18 chapitres totalisant 700 versets, 16 illustrations en couleurs
ISBN 978-1-84599-057-2

Couverture souple, format de poche, 800 pages
18 chapitres totalisant 700 versets, 16 illustrations en couleurs
Code gratuit pour format numérique et audio inclus dans le livre de poche
ISBN 978-91-7149-753-6

Application pour iPhone et iPad disponible sur Apple App Store

Vous pouvez vous procurer ce livre au centre le plus près de chez vous ou à blservices.com ou amazon.fr

Visitez bbtmedia.com
Livres numériques · Livres audio · Applications · Podcasts

La Śrī Īśopaniṣad

Sagesse millénaire, cet ouvrage répond encore aujourd'hui aux questions essentielles de la vie. Dix-huit versets avec le texte sanskrit original, la translitération, la traduction mot-à-mot ainsi que des commentaires. Oṁ tat sat.

Livre de poche, couverture souple
128 pages, 8 illustrations en couleur

ISBN 978-91-7149-565-5

La Vie vient de la vie

Un défi à la théorie de l'évolution, ce livre nous donne un aperçu des conversations entre Śrīla Prabhupāda et ses disciples sur l'origine de la vie et nous éclaire sur la nature de l'âme.

Livre de poche, couverture souple
208 pages, 8 illustrations en couleur

ISBN 978-91-7149-608-9

Par-delà la naissance et la mort

Cet ouvrage nous fait découvrir un monde merveilleux, éternel, où tout n'est que félicité. Mais surtout, il nous explique comment atteindre ces merveilleuses planètes du monde spirituel.

Livre de poche, couverture souple
64 pages, 8 illustrations en couleur
Code gratuit pour format numérique
inclus dans le livre

ISBN 978-91-7149-800-7

Visitez bbtmedia.com
Livres numériques · Livres audio · Applications · Podcasts

Le Livre de Kṛṣṇa

Ce livre raconte les activités extraordinaires de Kṛṣṇa lorsqu'Il vint sur terre il y a plus de 5000 ans.

Couverture rigide, 812 pages
32 illustrations en couleur
Code gratuit pour format numérique et audio
inclus dans le livre

ISBN 978-91-7149-711-6

Application pour iPhone et iPad disponible
sur Apple App Store

L' Upadeśāmṛta

Cet ouvrage présente les principaux préceptes pour une vie empreinte de dévotion. Il explique les étapes de la réalisation spirituelle et prodigue des conseils pour progresser dans cette voie.

Livre de poche, couverture souple
160 pages, 8 illustrations en couleur
Code gratuit pour format numérique
et audio inclus dans le livre

ISBN 978-91-7769-099-3

Science et conscience

Bhaktisvarūpa Dāmodara Swami (Dr Singh), nous parle de la nature de l'univers et celle de l'homme, de la théorie de l'évolution et enfin de l'existence de Dieu, le Scientifique Suprême.

Livre de poche, couverture souple
64 pages, 12 illustrations
Code gratuit pour format numérique
inclus dans le livre

ISBN 978-91-7149-707-9

Vous pouvez vous procurer ces livres en vous adressant au centre le plus près de votre ville (voir la liste des adresses) ou à blservices.com

Centres de bhakti-yoga dans les pays francophones

Acharya-fondateur Śrī Śrīmad A.C. Bhaktivedanta Swami Prabhupāda

Pour une liste complète de tous les centres à travers le monde visitez **centres.iskcon.org** ou **directory.krishna.com.** Pour des informations sur les horaires, festivals, cours ou conférences, adressez-vous au centre le plus près de chez vous. Mise à jour des adresses : novembre 2019

✦ Centres où il y a un restaurant

France

Paris – 230 Avenue de la Division Leclerc, 95200 Sarcelles; Tél. +33 (0)1 34 45 89 12; paris@pamho.net; iskcon.fr

Luçay-le-Mâle – La Nouvelle Mayapura, Domaine d'Oublaise, 36360 Luçay-le-Mâle; Tél. +33 (0)2 54 40 23 95; newmayapur.com

Suisse

Zürich – Krishna-Gemeinschaft Schweiz, Bergstrasse 54, 8032 Zürich; Tél. +41 (0)44 262 33 88; kgs@krishna.ch; krishna.ch

Langenthal – Gaura Bhaktiyoga Center, Dorfgasse 43, 4900 Langenthal; Tél. +41 (0)62 922 05 48; gaura.bhaktiyoga.center@gmx.ch; gaura-bhakti.ch

Canada

Montréal – 1626 boulevard Pie-IX, Montréal (Québec) H1V 2C5; Tél. +1 514 521 1301; iskconmontreal@gmail.com; iskconmontreal.ca

Ottawa ✦ 212 Somerset Street East, Ottawa (Ontario) K1N 6V4; Tél. +1 613 565 6544; ottawa.iskcon.ca

Côte d'Ivoire

Abidjan – Temple Hare Krishna, Cocody-Angre, Villa 238, Cité Blanche, Abidjan; (P.O. Box: 09 BP 715 ABJ 09); Tél. +225 05 648 329, +225 42 145 150; bhakti.carudesna.swami@gmail.com

Belgique

Durbuy ✦ ISKCON Radhadesh, Petite Somme 5, 6940 Septon–Durbuy; Tél. +32 (0)86 32 29 26; info@radhadesh.com; radhadesh.com

La Réunion

Le Tampon – Association Réunionnaise Sankirtan, 48 rue Paul Velaine, 97430 Le Tampon; Tél. +(0)262 49 76 32, +(0)693 31 44 27; iskcon.reunion@gmail.com

Île Maurice

Bon Accueil – ISKCON Vedic Farm, Hare Krishna Road, Vrindavan, Bon Accueil; Tél. +230 418 3955, +230 418 3185; sriniketandas@yahoo.com; iskconmauritius.org

Phoenix ✦ Sri Sri Radha Golokananda Mandir, Srila Prabhupada Street, Vacoas, Phoenix; Tél. +230 696 5804; info@iskconvedicfarm.mu; iskconmauritius.org

République démocratique du Congo

Kinshasa – Commune de Mont Ngafula Mbudi Safrica, avenue du Fleuve N° 1, Kinshasa; Tél. +243 813 680 321; bhakti.carudesna.swami@gmail.com

Togo

Lomé – Sis Face Place Bonke, dans l'allée du magasin Mousse Confort, Tokoin Hospital 01, BP 3105; Tél. +228 93 183678, +228 91 155164; iskcontogotokoin@yahoo.fr